U0448118

九次危机
英国经济的近50年

［英］威廉·基根（William Keegan）／著
李同良／译

中国科学技术出版社
·北京·

Copyright ©William Keegan 2019.
First Published in Great Britain in 2019 by Biteback Publishing Ltd.
All rights reserved.
The simplified Chinese translation rights arranged through Rightol Media
（本书中文简体版权经由锐拓传媒取得 Email:copyright@rightol.com）

北京市版权局著作权合同登记 图字：01-2021-5666。

图书在版编目（CIP）数据

九次危机：英国经济的近50年/（英）威廉·基根著；李同良译.—北京：中国科学技术出版社，2022.3

书名原文：Nine Crises：Fifty Years of Covering the British Economy From Devaluation to Brexit

ISBN 978-7-5046-9434-8

Ⅰ.①九… Ⅱ.①威… ②李… Ⅲ.①经济史—英国—现代 Ⅳ.① F156.195

中国版本图书馆 CIP 数据核字（2022）第 025432 号

策划编辑	申永刚　邱　耿	责任编辑	申永刚
封面设计	仙境设计	版式设计	锋尚设计
责任校对	张晓莉	责任印制	李晓霖

出　版	中国科学技术出版社
发　行	中国科学技术出版社有限公司发行部
地　址	北京市海淀区中关村南大街 16 号
邮　编	100081
发行电话	010-62173865
传　真	010-62173381
网　址	http://www.cspbooks.com.cn

开　本	880mm×1230mm　1/32
字　数	192 千字
印　张	9.25
版　次	2022 年 3 月第 1 版
印　次	2022 年 3 月第 1 次印刷
印　刷	北京盛通印刷股份有限公司
书　号	ISBN 978-7-5046-9434-8/F·977
定　价	79.00 元

（凡购买本社图书，如有缺页、倒页、脱页者，本社发行部负责调换）

谨以此书献给我的妻子希拉里·斯通弗罗斯特（Hilary Stonefrost）和我的孩子们！

前 言

我之所以对经济产生兴趣，原因有二：一是期望悟彻政治辩论的意义，二是对希腊和拉丁文本翻译心生厌恶。20世纪50年代，报纸上充斥着关于英国经济问题的新闻——老生常谈，了无新意——但我想弄明白这些文章究竟在写些什么——或者说，至少自己能够有更多的领悟。

关于希腊和拉丁文本翻译，情况是这样的：我曾是温布尔登艺术学院（Wimbledon College）文法学校古典六班的一名学生，也曾在剑桥大学三一学院（Trinity College, Cambridge）攻读古典文学（the Classical Tripos）。尽管我一直非常感谢温布尔登艺术学院带我接触——抑或说在我身上传播了——古典文学，而且我也很喜欢那些散文和诗歌，但是，翻译这些东西却让我倍感艰难。尤其是老师还要求我们用希腊语和拉丁语创作诗文，这更加令我感到苦不堪言。而且，我心里十分清楚是什么吸引我进了剑桥大学，不是我学的希腊语或者拉丁语，而是古老的历史。

没错，历史的确是我最喜欢的科目。它包罗万象——古希腊哲学亦是如此。然而，正如我因为不愿毁掉自己对英国文学的热爱而没有将其选定为自己的专业那样，我放弃了研习历史转而攻读经济学，如此一来，我或许就可以一辈子研究历史了。

距今已显遥远的20世纪50年代，所有身体健康的英国男青年都必须到陆军、海军或者空军中服役两年。我在约克郡卡特里克兵营第五皇家坦克团接受基础训练时，参加过一位来自赫尔大学的经济学家举办的经济学晚间讲座。白天在阅兵场上进行了一天紧张的演习，到晚上时已是精疲力尽。尽管我认真做了笔记，但我知道我并没有听懂多少。多年之后，当我偶然再次翻看那些笔记时，这种感觉异常强烈。当时，我已经离开剑桥很久了。很显然，这位来自赫尔大学的学者讲得十分精彩，堪称一流。但是，我还是没有完全理解。1958年至1959年，我被派往北爱尔兰司令部任职，在军官食堂进行的一次非正式讨论中，和其他所有人一样，我所展示出来的对经济学的无知，不得不说，到了令人尴尬的地步。

一位上校说："假如经济处于这样的状态，他们为什么不印更多的钱呢？""是呀，"我们似乎都是这么想的，"只要给我们更多的钱，我们就不会觉得自己破产了。"

不过，在场的人几乎无人意识到，他们触及了宏观经济政策的一个热点问题。当时，英国高层正在对此进行研讨，而那场激烈的辩论从此便不曾停歇过。

货币必须以真正的商品和服务为支撑。经济学新生最喜欢问的问题之一就是如果把货币（或者更严格地说是货币存量）供应量增加一倍的话，会怎么样？

答案是除非与之匹配的商品和服务翻番,否则价格将会翻倍——"太多的钱追逐太少的商品"。

不过,北爱尔兰司令部的那些军官可能对经济问题的看法过于天真——我当然知道自己也是如此——但历届政府、财政部和英格兰银行①(Bank of England)的官员们当时正在努力解决的、并且从那以后一直在努力解决的问题,是经济政策该如何实施才能够使生产、就业和通货膨胀三者之间达到最佳的平衡状态。

假如经济严重萧条,对于人们可以生产的货物或提供的服务尚存需求,而机器和服务设备却闲置一旁,发挥关键作用的人也无所事事的话,那么军官食堂里那帮说"只管多印钞票"的人的想法似乎也就不那么天真了。只有在发生像由2007年至2009年国际金融危机引发的经济大衰退时,才会采用诸如超发货币、增加政府开支、减税或者降低利率这样的措施。

然而,从剑桥大学经济学导师和讲师那里学到的知识以及随后的金融新闻从业经历让我明白,操控经济绝非一件易事。

我承认,经济学的许多方面对我没有吸引力。我的兴趣一直在政治经济学上,主要研究经济和政治的关系,以及经济学家和政策制定者之间公开和私下进行的讨论和斗争。密切关注负责英国经济政策决策的最高级人员之间的关系,包括首相(毕竟,他亦是第一财政大臣)、财政大臣、英格兰银行行长

---

① 英格兰银行是英国的中央银行。

以及他们的顾问等。

这些人可能最终负责制定我们这个民主政体的重大经济政策——他们也会谋求议会的批准——他们只是在一定程度上"掌权"。正如前首相哈罗德·麦克米伦（Harold Macmillan）所言，他们受"事件"摆布。当被问到他最害怕什么时，麦克米伦回答说："事件。"他的这句话后来演变成了"大事件，亲爱的孩子，大事件"。"亲爱的孩子"显然不是麦克米伦说的，但听起来确实像他的口吻。如此伟大的言论被广泛引用是有充分理由的。它们能够引发共鸣。同时，他的评论也是在挖苦反对派的弱点。

"事件"可能包括战争或其他军事行动的影响——1956年的苏伊士运河危机、1982年的马岛战争——以及经济学家所说的"冲击"：20世纪70年代的两次石油危机、2007年至2009年出人意料的国际金融危机以及英国脱欧等。

女王向来不对经济政策发表自己的观点，然而，2008年11月，她因对那场难以预测的国际金融危机的提问而备受瞩目。她在出席伦敦经济学院扩建新楼落成典礼仪式时问道："为什么没有人注意到会发生这场危机呢？"

"其实，我也是没有警告女王会发生危机的人之一。"

目 录

第一章
001　剑桥、舰队街和英格兰银行

- 003　剑桥
- 011　舰队街
- 015　《每日邮报和新闻纪事报》，1964年至1967年
- 020　重回《金融时报》，1967年至1976年
- 025　英格兰银行，1976年至1977年
- 039　《观察家报》，1977年至今

第二章
053　亲历九次危机

- 055　危机的背景
- 059　1967年：英镑贬值的前前后后
- 084　1973年：石油危机和三天工作制
- 104　1976年：向国际货币基金组织借款危机

- 123　1979年至1982年：施虐货币主义与撒切尔衰退
- 140　1983年至1989年：劳森繁荣与萧条，及撒切尔余波
- 151　1992年："黑色星期三"
- 175　2007年至2009年：国际金融危机
- 197　2010年至2016年：奥斯本的紧缩政策
- 211　2016年：英国公投和脱欧威胁

第三章
235　对话英国财政大臣

- 237　对话丹尼斯·希利
- 245　对话豪勋爵
- 253　对话尼格尔·劳森
- 261　对话约翰·梅杰
- 266　对话诺曼·拉蒙特
- 276　对话肯尼思·克拉克

284　后记

第一章

剑桥、舰队街和英格兰银行

剑桥

在从事经济学研究之前,我曾对法律略作尝试。我阅读了知名法学教授格兰维尔·威廉姆斯(Glanville Williams)的著作,但读过部分章节之后便发现,自己对法律着实没有什么兴趣。我还记得(也许记得不那么准确)在接近90页的某个地方,他说假如读者至此已经感到厌倦的话,那读者应该慎重考虑不要攻读法律为好。

1959年底我从部队退役,1960年10月前往剑桥大学。其间,我在瑞士沃韦附近的拉图尔德佩教书。一次英语课的课间,我遇到一位也准备去剑桥大学读本科的年轻人,他名叫大卫·西蒙斯,当时他正在雀巢总部做实习生。

大卫告诉我,美国经济学家约翰·肯尼思·加尔布雷思(John Kenneth Galbraith)从瑞士过来做报告,还说他十分令人敬佩。加尔布雷思确实令人印象深刻,他身材高大,达到1.85米,而且还写过一本名为《丰裕社会》(*The Affluent Society*)的书,对古典经济学进行了严肃的批评,而我将要研究的正是古典经济学。

那时,沃韦地区不乏丰裕。在流亡人士最喜欢的咖啡馆(三王咖啡馆,早已改成银行)里,我们会看到混杂在当地人中的查理·卓别林、彼得·乌斯蒂诺夫以及范·约翰逊。弗拉基米尔·诺博科夫则住在蒙特勒。然而,加尔布雷思的《丰裕社会》描写的是美国,他对美国社会存在的"私人富足"和

"公共污秽"的反差进行世人皆知的批评。

也正是在这本书中,加尔布雷思创造了"传统智慧"一词,并对其进行了痛斥。加尔布雷思是一位凯恩斯主义者,对政府有效干预经济的能力深信不疑,相信政府可以影响生产和就业水平。他厌恶古典经济学家,因为古典经济学家笃信市场力量对经济有着自动稳定作用。他尤其蔑视那些信奉萨伊定律(Say's Law)的人。萨伊定律是一种自19世纪初流行至今的经济思想,得名于法国经济学家让·巴蒂斯特·萨伊(Jean-Baptiste Say),其主旨是"供给创造需求"。加尔布雷思的长篇大论并没有受到多少经济学同行的认同。

读《丰裕社会》时,我还在瑞士。正是受到了加尔布雷思的影响,我才去了剑桥大学。几年之后,我曾经的一位导师,阿马蒂亚·森,此时是三一学院院长(亦是诺贝尔经济学奖得主)邀我参加一场纪念宴会,共祝学院的健康发展。对我而言,这是一份巨大的荣耀。而令我倍感激动的是,阿马蒂亚·森教授竟然这样介绍我:"我始终觉得威廉·基根是一位对经济学充满质疑的小学生。"是的,阿马蒂亚·森教授说的没错。

剑桥大学那时所讲授的凯恩斯经济学和我从加尔布雷思那里偶得的理论并没有巨大的差异。凯恩斯本人在剑桥大学始终处于统领地位,而加尔布雷思只是在20世纪30年代短暂就职于此,而那时正是凯恩斯的全盛时期。[已退出政坛的英国政客罗伊·哈特斯利(Roy Hattersley)告诉我,他曾经和加尔布雷思及其妻子基蒂共进晚餐,席间,加尔布雷思说与凯恩斯

第一章 剑桥、舰队街和英格兰银行

会面的那一天一直是他此生中最重要的日子。闻听此言，他的妻子不满地说"今天可是我们结婚50周年纪念日"]。然而，当时的基础经济理论实在是太多——需求曲线、供给曲线、'公司'（而非黑手党）经济学——这些对我来说都是十分枯燥的玩意。最令我感兴趣的是宏观图景，绝大多数经济学家对图表情有独钟，而我却偏偏喜欢他们厌恶至极的语言。

语言？是的。大约从七岁开始，我就一直想成为一名记者。小学时，我就曾经助力出版过一份班级报纸——就是刊行在教室墙上的那种——后来在温布尔登艺术学院又"秘密"发行了一份名为《呐喊周刊》的报纸（手写版的）。

当然，我青少年时期的重大突破是在《科克考察家报》（*Cork Weekly Examiner*）上发表了系列文章。当时我十一岁，刚刚进入温布尔登艺术学院读书。我母亲出生在科克市，并和那里的亲友保持着密切的联系。这些文章——或者说"作文"，就像我们小学时所说的那样——的发表对立志成为一名记者的我来说意义非凡，让我对成为一名记者充满信心。对我和我弟弟维克多（Victor）来说，报纸具有莫名的魅力。我们和雷恩斯公园站外的卖报人渐渐熟悉起来。卖报人一共有三位，贩售当时伦敦红极一时的三份晚报，分别是《伦敦晚报》《星报》和《标准晚报》及其增刊。我们经常帮他们捡拾被保安打落到站台上的报纸。我们热爱报纸，因此毕业之后便开始和报纸打交道了。

那时，大多数男孩子长大后都想成为足球运动员或者火车司机，但我觉得报纸已经融入了我的血液。在《科克考察家报》上发表文章给我带来了成就感。后来，母亲告诉我她的一个堂兄弟是该报的副主编，这让我的成就感稍稍减少了那么一点点。但是，我内心却认为妈妈的堂兄弟可能只是帮了一点小忙而已。在剑桥大学时，为了最终能够引起舰队街的注意，我为各种本科生出版物写文章。我甚至还斗胆写信给《每日先驱报》的编辑，建议他开辟一个讽刺专栏，并随信附给他一个例子。随后，我收到一封最有礼貌的拒绝信、一些鼓励的话语和一张10英镑的邮政汇票。

我对语言的痴迷并不一定得到经济学家的认同。我发现，大多数经济学家似乎都有一种天生的倾向，那就是先构建图表，然后进行语言描述。他们就是钟爱图表。此外，经济学越来越数学化。不过，听了我的一位友人讲的故事之后，我大大地松了一口气。我的这位朋友就是已故的教授，古希腊、古罗马文明的学者丹尼斯·普罗克特爵士（Sir Dennis Proctor），他也是凯恩斯的朋友。他曾经问经济学家凯恩斯："梅纳德（Maynard），一个人必须是数学家才能搞懂经济学吗？"

"不，丹尼斯，"凯恩斯回答道，"不过，他的确需要对比例有些了解。"

1960年10月，我来到三一学院，师从艾伦·克尔（Alan Ker）。他是古典文学教授，也是我的操行导师。操行导师们除了教书，还要密切关注学生们的行为和身心健康。

一天，克尔教授从一叠纸上抬起头来，透过那副半月形的眼镜看着我,用困惑的语气问道:"基根,我看到你是1959年退役的。那你为什么去年没来呢?你应该早和我们联系的。"其实,退役之后的那一年我过着受人尊敬的生活:我不敢和他们联系。1960年,我得到了一份教职!就我而言,我十分享受这一年的教书时光。后来,我告诉克尔我想从古典文学专业转到经济学专业,这让他简直无法理解。

尽管我对经济学的许多领域怀有疑惑,但是在剑桥大学度过的那段时光依然十分美好。除了著名的阿马蒂亚·森教授,我的导师还有莫里斯·多布(Maurice Dobb),苏联五年计划研究领域的伟大专家。他经常穿着粗花呢服装,是一位和蔼可亲的绅士。在三一学院纳维尔庭院舒适的房间里,他给我们进行精彩的一对一指导(在剑桥大学我们称之为辅导),通常还会手持一杯雪利酒。

弗兰克·哈恩(Frank Hahn)也曾教过我。他是一位数学经济学家,非常理解我们这些对抽象理论不感兴趣的人。似乎那些像哈恩这样纯粹的理论经济学家都很善于俯下身段,因材施教,和像我这样只对实际宏观经济问题感兴趣的人进行热烈的讨论。

那里还有许多与凯恩斯有关联的大名鼎鼎的人物,比如传奇人物理查德·卡恩(Richard Kahn),他通过"乘数"(multiplier')理论为凯恩斯的研究工作做出了宝贵的贡献,该理论阐明了通过"乘数"对经济其他层面的影响,增加公共支出或减少税收是如何比名义成本产生更大影响的。(在我所认为的英国2010年后采取的错误紧缩政策中,人们看到了"反向的"或负乘数作用。)

另一位是后来荣获诺贝尔经济学奖的詹姆斯·米德(James Meade),他温文尔雅、谦逊低调,第二次世界大战时曾在英国政府任职,同时他还是一位国际贸易专家。我是几年之后才与他结识的,他的讲座让我感到有点失望。当时他刚给毛里求斯政府提过建议,因此关于毛里求斯经济及其对糖的依赖性成了他所痴迷的话题。当他1977年获得诺贝尔经济学奖时,我已在《观察家报》担任经济编辑,该报的主编唐纳德·特雷福德(Donald Trelford)请我代为咨询米德教授是否愿意为《观察家报》写篇文章。尽管米德教授非常愿意在适当的时候为报社写点文章,但这次他婉言谢绝了,说他收到了来自世界各地的450多封信件,所有的信件他都要亲自回复。

几年后,当这位教授完成了繁重的回信任务之后,他邀请我在剑桥吃午饭,我感到既荣幸,又有点震惊。他跟我说有人建议他联系像塞缪尔·布里坦爵士(Sir Samuel Brittan)这样的经济记者或者我,好让人们了解他的理念。

再回到卡恩教授身上,他的讲座精彩绝伦。1957年至1958年,他对财政大臣彼得·桑尼克罗夫特(Peter Thorneycroft)进行攻击,桑尼克罗夫特因为首相哈罗德·麦克米伦拒绝削减公共开支而与其发生激烈争执,并与其他两位财政大臣同事一起辞职。

卡恩猛烈抨击桑尼克罗夫特,仿佛他是某种怪物一样。几十年后，桑尼克罗夫特勋爵在撒切尔夫人（Mrs Thatcher）执政时担任了保守党主席，但事实证明他是对撒切尔夫人的做法怀有疑虑的所谓保守党温和派中的一员。

现在看来不可思议的是，金融危机爆发后的很长一段时间内，失业率一直处于7%至8%，卡恩伙同他人经常攻击伦敦经济学院的弗兰克·佩什（Frank Paish）教授，主张将失业率控制在2%至2.5%，以抑制通货膨胀。

当时，尼古拉斯·卡尔多（Nicholas Kaldor）教授是剑桥大学经济学界的杰出人物之一——后来成为上议院终身议员——也是作为从学术界请来为1964年至1970年威尔逊政府提供建议的两个"匈牙利人"中的一位，招致保守（和仇外）的英国媒体的许多责难。另一个"匈牙利人"则是托马斯·巴洛格（Thomas Balogh）。时任国防大臣的丹尼斯·希利（Denis Healey）曾把他们两人称为"布达"（Buda）和"佩斯"（Pest）。

1945年开始重建之后，战时管制被摒弃，（实际上）就业充分，英国最大的宏观经济困扰是经济增长率和如何促进经济发展。卡尔多提出了各种增长模型，而我清楚地记得20世纪60年代初在剑桥米尔巷举办的一次晚间讲座。其间，资深经济学家丹尼斯·罗伯逊爵士（Sir Dennis Robertson）当着观众们的面取笑"卡尔多·马克一世"模型和"卡尔多·马克二世"模型，而卡尔多就坐在第一排。

剑桥大学经济学系因个人恩怨而四分五裂。当被问及为何学术争议如此激烈时，亨利·基辛格总是喜欢这样说："因为赌注太低了。"加尔布雷思是在美国哈佛大学认识基辛格的，是基辛格在越南战争问题上的强烈反对者。许多年后，当有人问加尔布雷思，为什么基辛格有那么重的日耳曼口音，而他哥哥却一点也没有时，"这很简单，"加尔布雷思说，"亨利从来不听（别人怎么说）。"

无论如何，从我的角度来看，不管对经济学怀疑与否，我都很高兴地沉浸在剑桥大学的凯恩斯主义传统中。在经济大萧条和两次世界大战期间的保护主义之后，人们认为政府和中央银行有责任干预经济，使产出和就业最大化。凯恩斯和剑桥大学为政府提供了这样做的理论和政策工具。

鉴于我长期培养的进军新闻业的雄心壮志，以及我对政治经济学的兴趣，首先尝试经济或金融新闻是再自然不过的事情了。我十分欣赏《卫报》财经编辑理查德·弗莱（Richard Fry）撰写的评论文章。1963年初，我便写信给他。

弗莱是入籍英国的奥地利人，威望颇高。他的办公室为我安排了一个下午3点的会面。那一天我如约准时到达那里，他的秘书对我说："哦，请您在这儿等一下。弗莱先生吃午饭还没有回来呢。"听到这句话，我知道自己即将步入新闻界了。

弗莱先生回来时，似乎心情很好。几句寒暄之后，他便问我是否读过爱德华·吉本的著作。我做出了一个"恰如其分"的回答，然后他说："你一定要读读吉本的书。刚才和奥利弗·利特尔顿（Oliver Lyttelton）吃午饭时，我们一致认为吉本的历史书具有散文的风格，实在是精彩至极呀。"

利特尔顿（即后来的钱多斯勋爵，Lord Chandos）是一位杰出的公众人物，是当时著名的保守派人士。和这么重要的人物共进午餐？这似乎才是生活该有的样子。

舰队街①

在一次非常愉快的谈话——一次非常温和的面试——之后，弗莱说他很愿意为我提供一份工作，但是目前没有空位。他建议我给《金融时报》(Financial Times, FT)编辑戈登·牛顿和《每日邮报》(Daily Mail)金融城编辑部的编辑帕特里克·萨金特爵士写封信。

我接受了他的建议，写信给两位编辑并收到了面试邀请。我首先去见了牛顿先生，面试地点位于由红砖砌成的圣保罗大教堂斜对面的贝肯大厦。《金融时报》总部设置于此长达数十年之久，后来迁址泰晤士河畔南华克桥一号，不过，现在正打算迁回原址。贝肯大厦由建筑师艾伯特·理查森设计，像大多数现代建筑那样，其风格在当时引发了极大的争议。但是，这座大厦的美妙之处恰恰是它并不那么现代。事实证明这是一个令人愉快的工作场所，我本人就在那里工作了十年时间。

面试在牛顿先生一楼的办公室进行，窗外便是漂亮的圣保

---

① 舰队街（Fleet Street），英国伦敦的一条著名街道，一直到20世纪80年代舰队街都是英国众多媒体的总部所在地。因此舰队街是英国媒体的代名词。——译者注

罗大教堂。他让我给他举些本科时期从事新闻工作的例子。牛顿神色威严——这的确吓坏了很多人。他中等身材，戴着眼镜，脸色黝黑，皮肤干瘪。跟我打招呼后，他走到桌子后面，看了看我的剪报。整个面试过程有两次中断：第一次，有人给他打电话，他严肃地说，"帕森斯的股票或许值得一看。"这显然是想给我留下深刻印象，他的目的确实达到了，不过时间却很短。因为那天晚些时候我把此事告诉老同学阿拉斯泰尔·麦克唐纳（Alastair Macdonald）时，他说："今天早上，Lex专栏已经透露了帕森斯的股票内幕信息。"（Lex专栏专注财务评论和建议）

第二次中断是因为迈克尔·桑克斯（Michael Shanks）的到来。桑克斯是《金融时报》的知名记者，他的著作《停滞不前的社会》（The Stagnant Society）曾是企鹅出版社的一本畅销书。桑克斯的出现给我留下了深刻的印象，但从牛顿平静的神情来看，他只是把桑克斯当作一位普通员工，而非什么名人。

桑克斯走后，牛顿小心翼翼地把我的剪报分成两摞，一摞放在桌子的左边，另一摞放在桌子的右边。"我喜欢这些，"他轻蔑地说，"但我不喜欢那些。"而"那些"却是我的最爱。接着，他指着一篇文章说道："这篇文章倒是颇具时报的风采。"但在我看来那篇文章并不是剪报中的精品。那是一篇关于早期"时尚模特"的文章，我在文中这样写道"男模特并非都是模范男"。

面试的结果就是让我等他的消息。

几个星期后，我应召再次来到此处。这次我去的是他的大办公室,刚进门他说的话就让我惊讶不已,"你来回走两步,好吗"?我只好照他说的去做。停了片刻,他说道:"好了,我只是想再看看你。"稍作停顿之后,他接着说:"我想我们可以给你提供一份工作,"但又颇不吉利地补充了一句,"只是另外还有一个人。"

我第三次被召唤是去见该报的总经理德罗赫达勋爵(Lord Drogheda),德罗赫达举止柔弱慵懒。我明白我得到了这份工作,在听到德罗赫达说了下面这句话"你会发现一个问题,这里距离西区很远,你不可能在午饭时间溜达出去买张照片"之后。

的确,我从来没有去西区买过照片,但我经常去那里吃午饭。有人告诉我,与政客、官员、商人以及市里的头面人物共进午餐是工作的重要组成部分。实际上,我也被要求走出去,用公司的钱培养人脉。

在《金融时报》谋得一职可以说是件好事,但又是件坏事。当我的许多大学同学还在刻苦学习,以取得最好的成绩,好给未来的雇主留下深刻印象时,我的工作已经有了着落,而且是在毕业之前的春季学期。所以我担心此后自己在学习上会变得不那么勤奋。

我还接到了另一个面试邀请,这应该感谢弗莱那个高明的建议。我还去见了《每日邮报》的萨金特爵士。他的办公室位于伦敦金融城的天使宫,具有狄更斯风格。萨金特爵士也为我提供了一份工作。当我说我已经被《金融时报》录用时,他说可以在7月和8月为我提供一份暑期应急性的工作，补缺那些离开的员工。我立刻就答应了，因为即使在学费不太贵的往昔，作为学生的我们通常也还是债台高筑。

此外，我还接到过一个录用通知。1963年10月的第一个星期，我进入《金融时报》工作。和我在同一星期就职《金融时报》的还有雷金纳德·戴尔（Reginald Dale）和安德烈亚斯·惠特姆·史密斯（Andreas Whittam Smith），前者后来成为资深驻外记者，后者多年后与人共同创办了《独立报》(The Independent)。萨金特爵士曾问我是否愿意为当时被称作《每日邮报和新闻纪事报》①（Daily Mail and News Chronicle）的报纸工作。当我拒绝时，他表示十分理解。他对《金融时报》评价颇高。

当我加入《金融时报》时，保守党即将结束他们从1951年至1964年的长期执政。当时，雷金纳德·莫德林（Reginald Maudling）担任财政大臣，任由经济肆意发展。他的目标就是赢得下届选举。1963年至1964年，英国经济出现了"莫德林繁荣"，但它并没有帮助保守党在选举中获胜，而且给1964年至1970年的威尔逊政府造成了巨大的麻烦。

这本回忆录涵盖的九次危机中的第一次危机的种子就此播下：1967年英镑贬值。

---

① 《新闻纪事报》，一份英国日报，1960年10月停止出版，并入《每日邮报》。两者合并后，报纸更名为《每日邮报和新闻纪事报》。——译者注

《每日邮报和新闻纪事报》，1964年至1967年

当牛顿先生说还有一个人的时候，我以为我注定要得出这样的结论：我还没有得到那份工作。那份工作就是在《金融时报》专题部当实习生。但当雷金纳德·戴尔出现时，很明显我们两个都找到了工作。（安德烈亚斯·惠特姆·史密斯则在独立的公司评论部工作。）

事后证明，我被迫写的第一篇文章预示了英国工业的未来。文章是对"英国摩托车工业"的简单介绍。专题部编辑为我推荐了一位在伯明翰小型武器公司工作的联系人，该公司后来发展成为该行业的龙头，如今是一家通用工程公司和制造商。我现在已经记不得那个人的名字了，可能叫特纳。当我把电话打过去时，他们告诉说："特纳已经辞职了。现在在一家日本公司工作，公司很小，在泰晤士河畔的金斯敦。你可能没有听说过这家公司，就是本田公司。"

没错。此时我确实没有听说过本田公司。但我却早就听说过泰晤士河畔的金斯顿，因为那是我出生的地方。我随后电话联系了特纳先生，他邀请我去金斯敦吃午饭。"英国的摩托车工业已经结束了，"他宣称，"摩托车工业的未来在日本。"（这种状况确实延续了很长时间，但最近英国的摩托车工业已经开始复苏了。）

我写过各种各样的专题文章，其中就有我关注了六个月左

右的摩托车工业。然后，我接到了萨金特爵士的电话，问我是否想重回《每日邮报》。这是赤裸裸的"贿赂"。当时，《金融时报》每年给我925英镑，萨金特爵士答应每年给我2000英镑。几位同事说："你可能再也拿不到比这儿还高的薪酬了。"

关于此事，我咨询了我十分崇敬的约翰·默里（John Murray），他是负责Lex专栏的三人组的组长，后来出任约翰·刘易斯投资信托公司财务总监。"你必须接受它，"他说，"必须接受。"他又补充道："萨金特真有钱，不是吗？"

就我个人而言，我非常喜欢《金融时报》，而且在这儿的一切发展得都相当顺利。牛顿说他每年可给不了我2000英镑，不过，他确实提出要把我每年的工资从925英镑提高到1125英镑或者1225英镑，他坚持认为，这是他在不扭曲"工资级差"的情况下，所能给出的最高工资了。

这让我犹豫不决。因为总是缺钱，所以我觉得每年2000英镑着实难以抗拒。那年我二十五岁，而同事们经常提到牛顿过去常说的一句话，"任何一个优秀的人，三十岁时，一年都应该挣到3000英镑。"此外，我还有一个顾虑。在我成长的过程中，《每日邮报》这个名字一直是我们家嘲弄的对象。

我父母厌恶《每日邮报》的原因之一是该报拥有者罗瑟米尔勋爵竟然出现了法西斯倾向。除此之外，我父亲还是个坚定的工党支持者。我如果接受《每日邮报》这份工作，的确需要给家里一番解释！

下面这个因素倒是可以减轻我的一些压力，那就是《每日邮报》当时已经更名为《每日邮报和新闻纪事报》，此次更名给人的印象是一次合并，但实际上是对崇尚自由的老牌报纸《新闻纪事报》的吞并。《新闻纪事报》也经常出现在我们家，只不过是被保守的《每日邮报》一起带进来的。萨金特爵士曾是《新闻纪事报》的一员，这一点让我稍感安心。

1964年春天，在《金融时报》工作六个月后，我又回到了《每日邮报》。执政的依然是保守党，英格兰银行的行长是克罗默勋爵（Lord Cromer），他和罗瑟米尔家族有亲戚关系。罗瑟米尔家族是《每日邮报》的拥有者。

萨金特行事颇具自己的风格。他住在海格特，隔壁就是耶胡迪·梅纽因。我曾经对萨金特的妻子吉莉安（Gillian）说，与全世界最著名的小提琴家为邻一定很美妙吧，她说："幸运得很，墙是隔音的。"

萨金特配有专职司机，经常在最好的饭店就餐。他有一个座右铭，那就是"一盎司①的信息胜过一吨的理论"。因此，他经常吹嘘，当然也确实喜欢招募本科生到报社工作，而我也确实从他那里学到了很多获取和建立良好人脉的诀窍。报社用于酒宴联络以及交通的开支是巨大的。事实上，我的生活从来没有像1964年春到1967年春在《每日邮报》工作时那么富裕。他还教会我，不一定要拒绝一个活动的邀约，因为其表面目的与显而易见或者直接的利益没有什么关联。你经常会在貌似无

---

① 此处为质量的英制计量单位，1盎司=28.3495克。——译者注

趣的活动中遇到有趣的人。

萨金特手下有十名记者,他们在外间的办公室办公。他自己的办公室装有红绿两盏灯,用来提示我们可否进去。尽管金融城编辑部主要负责新闻报道,但是主要任务却是撰写评论。这些评论,不管是不是萨金特写的,通常都署他的名字。

他只关注最重要的评论。每当遇到这样的评论时,他都会坐在那张硕大的办公桌前,从一排铅笔中挑出一支,开始一段一段,一张一张地写。然后,一张一张交给他的秘书,秘书再一字不差地把它们打出来。通常,他对第一稿都不甚满意,会把它们揉成一团扔进废纸篓。如果是经济评论,他会让我坐在他的对面,为他出谋划策,提供素材,有时还会让我对他的观点和用词发表看法。或者,干脆由我执笔一篇评论,经他过目,然后署上他的名字刊发。这就是现在人们所说的交易。

萨金特和莫德林会面颇为频繁,莫德林经常打电话到萨金特的办公室,他们还时常共进午餐。时任财政大臣的莫德林会就伦敦金融城的一些事务征询他的意见。因为两人关系亲密,所以财政部里发生的事情萨金特比我知道的多得多。我刚入职不久,萨金特似乎对我很慷慨,将他的很多人脉与我分享。我经常会与约翰·帕尔默(John Palmer)见面喝茶或饮酒,他是我的校友,在《苏格兰人报》(*The Scotsman*)金融城办公室工作,后来跳槽去了《卫报》(*The Guardian*)。当我们交流看法和所收集到的那么一丁点新闻时,我们总是悲叹自己的人脉实在太少。后来,约翰成了布鲁塞尔人脉最广的记者之一，而我也逐渐建立起了自己的人际关系网。

我一直觉得有趣的是，一旦人们脑子里有了什么东西，无论你做怎样的努力，也都无法将其剔除。我这里有一个例子，一位著名经济学家为英国国家经济发展局写了一本充满术语的册子，他们让我用通俗易懂的语言再重写一遍。那时我很忙，所以就将它托付给了我的一位公务员朋友。结果，他创作出了一部完美的作品，得到了英国国民经济发展局和那位经济学家的一致好评。在之后的多年时间里，每次遇到那位经济学家，他都会对我的那次修改褒奖一番。一开始，我还想把实情告诉他，但最终还是打消了这个念头。到死，他都认为是我帮他修改了那本册子。

作为财政大臣，莫德林配有专职司机。我从财政部不同的官员那里听到了足够多的故事，所以才相信了下面的传言：莫德林有懒惰倾向，但他却能够以惊人的速度阅读一份简报并掌握其内容，而且这通常是在送他参加某个他需要发言的会议或公共活动的汽车后座上完成的。

我为萨金特工作时，他的司机埃里克（Eric）曾把我拉到一边，抱怨说他必须把一本书送到唐宁街11号[①]去。出于好奇，我问他那是本什么书。他说书名叫《酗客的食谱》(*The Drinking Man's Diet*)。后来，埃里克将那本书复印了一份给我。我翻开第一页，文章的开篇是这样的——我记不清确切的

---

① 唐宁街11号是英国财政大臣的官邸。——译者注

字眼了,但大概是:"你还在担心自己的体重吗?放松点!我们可以为您提供帮助。再给自己倒一杯……"

重回《金融时报》,
1967年至1976年

在我回到《每日邮报》工作后,莫德林的财政大臣任期只剩最后的几个月时间,但我对此一无所知。人们当时关注的焦点之一是英国国际收支状况不佳(贸易数据出现了巨大而长期的赤字,进口额远远超过出口额),人们的注意力主要集中在每月的贸易数据上。萨金特想要的是对这些数字的独家报道,而我则因此成功地在该领域建立起声望。有一件事当时我并不知晓,多年之后萨金特才告诉我。他说,贸易委员会的一位官员召见了他,告诉他泄密引起了恐慌,但对泄密进行的调查却毫无结果。

然而,越来越明显的一点是,倘若一个人大多时候都是以老板的名义写文章时,虽然老板对他慷慨大方,而且他也从老板那里学到了很多交易技巧,但是他的创作潜能却难以得到充分的发挥。

我不是他手下唯一一个烦躁不安的人。我们的办公空间十分局促,而舰队街那边《每日邮报》总部的人还议论纷纷,说萨金特专门负责金融城报道的团队太过庞大,人数几乎超过了新闻部记者的总数。然而,温文尔雅的萨金特对上述传言予以了从容的回应：扩编！为了证明他的员工人数的合理性，他新辟了一个名为"理财"的大版面家庭理财栏目，在这里他的署名愈加频繁。当然，这不是唯一的原因。尽管经济新闻强调贸易数字和其他困难，但事实上，英国经济当时正在发展，人们变得越来越富裕，所以为他们的投资提供建议的机会也越来越多。

但是，萨金特向员工们介绍这个想法的方式让我觉得很好笑。有一天，他走进办公室对我们说："我敢肯定，老百姓家里到处扔的都是硬币，它们可以得到更好的利用嘛！"这颗小小的种子便进化成拥有众多模仿者的、十分成功的"理财"栏目。在第一期中，我被要求写一篇文章，宣称"现在是买房的时候了"。

事实上，我和我的第一任妻子当时正在商量买房子的事情。作为我在"理财"栏目上发表的那篇文章研究的一部分，我采访了位于布莱顿的联合房屋贷款协会的首席执行官。采访结束时，他说，只要我需要抵押贷款，随时都可以和他联系——我的确那样做了。但联合房屋贷款协会认为，为卡农贝利广场乔治王朝时期的一套房屋提供10500英镑的贷款是一次不值得的冒险。当时，这套房子都是以数百万英镑的价钱在易手。

那时，我在位于金融城天使宫的《每日邮报》办公室上班，后来搬到了芬斯伯里广场。身处这座前身为金丝雀码头的古老金融城的核心地带，我慢慢对它产生了感觉，并最终在此建立起了自己的人脉。我的任务是追踪报道经济形势，但绝大部分金融城版面都被用来报道债券、股票以及收购等内容，而其中的重点则是透露股票内幕信息。为了获得更多此类信息，我的同事们不是约客人在当地的酒吧喝酒，就是陪他们一起吃午饭。在"金融大爆炸"①（Big Bang）和伦敦金融城国际化（不过其视野依然十分狭隘）之前的二十年时间里，情况始终如此。总的气氛与狄更斯笔下描述的十分相似。

尽管我远不是股票方面的专家，但是，却被萨金特抓来帮忙在年初预测哪只股票会是"年度股票"。他会征询每位员工的意见，然后宣布，"好吧，你们都错了。我刚刚和某家知名机床公司的董事长打过壁球，它的股票是我的选择。"

当他选择的股票如期登上报纸时，一位专门从事机床行业研究的金融城分析师要求与我会面，见面后他说，"你们老板到底为什么要选择那家公司呢？它的状况十分糟糕。我原本打算建议我的客户卖掉它的股票，但鉴于贵报的影响，我还是等它的股票涨一点再说了。"

英国工党在1964年10月的大选中获胜，詹姆斯·卡拉汉（James Callaghan）被任命为财政大臣，他也随即成为萨金特追逐的目标。萨金特总是将他们两人称作"司炉吉姆"和"水手帕特"。（他们两人都曾在英国海军服役。）然而，萨金特知

---

① 金融大爆炸是指英国在1986年由撒切尔政府领导的伦敦金融业政策变革。该变革旨在大幅度减少监管。改革后，外国财团被允许购买英国上市企业，伦敦金融城投资银行和经纪公司的构成和所有权发生了翻天覆地的变化。金融城引入更国际化的管理作风，使用电脑和电话等电子交易方式取代了过去传统的面对面谈价，使竞争的激烈程度剧增。——译者注

道我的工党倾向，所以就开始把我这位刚入行的大学生新兵当作他接触工党和了解政府思想的主要渠道。（此时此刻，我要强调的是，我从来没有加入过任何政党。无论人们会从我写的东西中推断出什么样的观点，我都一直渴望保持自身的独立。总的来说，这有助于我与各方保持相当良好的关系。）

这段经历对我来说大有裨益，但是，1967年春天，我已经做好了跳槽的准备，巧合的是比尔·罗杰（Bill Rodger）此时给我打来了电话，我简直不敢相信自己的运气会这么好。罗杰是《金融时报》的副主编，他问我是否可以和他见一面。见面后，他开门见山对我说，《泰晤士报》（*The Times*）开设了一个独立的商业事务部，正如《金融时报》害怕的那样，其意图就是挑战《金融时报》作为商业和金融报道领域的标杆地位。

其实，他们不必担心。《泰晤士报》的"商业新闻"版块早已是舰队街的既定特色，而《金融时报》也一直在从一个成功走向另一个成功。我当时并不知道，《泰晤士报》实际上已经找过萨金特，想让他担任"商业新闻"的主编。多年之后他回忆说，"我告诉他们，没有人会想去干掉《金融时报》。"

罗杰衣着整洁，举止优雅，彬彬有礼，只是脖子会反复而明显地抽搐，似乎衣领太紧，但实际上可能与他大量饮酒有关。的确，在饮酒这件事情上，他可从来没有把持得"太紧"。在对《金融时报》的担忧做出了言简意赅的解释之后，他说他们已经决定扩充人员，打算邀请一些人回来。

罗杰的办公室距离牛顿的办公室很近，中间隔着他们的秘书共用的一间办公室。没过几分钟,牛顿就进来了,看到我时他显得非常惊讶,还邀请我到他的办公室。"哦,是你呀,"他说,"我一直都很喜欢你。"

他们给我的职位是负责金融城报道工作的记者,工作重点则是获取独家新闻。不知怎么的,萨金特对我工作的慷慨看法又回到了牛顿身上。实际上,我最不想做的就是把注意力全部集中在金融城上。但是,我在《每日邮报》的一位名叫克里斯托弗·格温纳(Christopher Gwinner)的同事则非常适合这个角色。于是,我们便一起加入了《金融时报》,而我又回到了我的老本行——普通专题报道。

在最初的大幅加薪之后,我在《每日邮报》的薪水一直没有变动过,所以,当牛顿提出给我和格温纳一年2750英镑时,我感到十分地高兴。但是,后来听说牛顿跟人讲,这次招聘我们两个人——我是再入职——应该是"便宜的",这让我的欣喜之情减弱了几分。

回归《金融时报》后,我还没有立马开始我的经济记者或者评论员的职业生涯。此外,首相、财政大臣和英格兰银行行长的世界距离我还有那么一段距离。因此,我又被迫再次进入快速撰写专题报道的世界:上午10点30分或上午11点走进办公室,被告知,"英国国民地方银行(The National Provincial Bank)与威斯敏斯特银行(the Westminster Bank)要合并了,你能在下午6点之前写一篇专题报道吗?"

在互联网出现之前的那些日子里,纸质文件非常重要。我经常去《金融时报》的图书馆查找需要的资料，埋头阅读，然后再花几个小时打电话。我也会把自己的文稿与首席社论作者罗伯特·科林的文章进行对比，在我的心目中，科林在人才济济的单位中是头脑最好使的人之一。

那时的《金融时报》拥有着近乎学院式的文化氛围。经验丰富的老员工都会尽力帮助那些新入职的同事。科林特别和蔼可亲，在撰写社论（未署名的社论）之前，他通常会参加会议，查阅文档，和他即将评论的那篇新闻的作者进行交流。他没有培养人脉。午餐时，他总是独自前往官邸车站附近的斯金纳思阿姆斯，喝苹果酒，读一些关于数学或者俄语学习方法的书。

英格兰银行，1976年至1977年

在《金融时报》当了九年的经济记者之后，1976年我接受了英格兰银行给我的一份为期三年的工作合同。我认为，没有人像我那样一直从事新闻报道那么长时间。《金融时报》喜欢调换员工的工作，他们曾多次想调我到议会大厅工作，但我没去。接受那个岗位的话，我就必须报道大量的政治事件，而我对政治不是太感兴趣。几年后，我有机会再次确认自己对政治报道的态度。当时，我在《观察家报》工作。一个星期六的晚上，我的朋友和同事亚当·拉斐尔（Adam Raphael），《观察家报》的政治编辑，就遇到了报道保守党议员杰弗里·阿切尔（Jeffrey Archer）和一名妓女的丑闻的难题。在议会大厅

工作的记者报道的事情五花八门，其中让我感兴趣的不多。我坚信这一观点，如果你写的东西连你自己都不感兴趣的话，那它就不太可能会吸引读者。

《金融时报》还曾大胆提出外派记者的想法。该报的对外报道是在20世纪60年代和70年代初建立起来的，并逐渐形成一股力量。然而，我的前妻和我并不喜欢这一提议。我们一共有六个孩子，所以家里的情况可能会因此变得非常复杂。大约就在那时，英格兰银行经济总监克里斯托弗·道（Christopher Dow）鼓动我和英格兰银行签订一份为期三年的工作合同，负责编写银行季度报告并参与行长戈登·理查森（Gordon Richardson）演讲稿的撰写工作。这的确是份"工作"，因为我很快发现，理查森行长的演讲稿页码增加到了两位数。此外，尽管理查森行长曾向我表示，他喜欢我在《金融时报》上发表的文章，但是他的演讲稿却真的是集体智慧的结晶。参与撰写过几篇演讲稿之后，我把精力全都集中在了英格兰银行季度报告中的经济评论上。那时候通货膨胀严重，但没有通货膨胀的报道。如今，几乎没有通货膨胀，但却有大量的通货膨胀报道。

在被英格兰银行雇用的那段时间里，我经常和道在改良俱乐部（Reform Club）共进午餐，次数多得我都数不清。我当时在《金融时报》的同事布里坦这样评论道，"如果英格兰银行花在解决经济问题上的时间和他与你共进午餐的时间一样多就好了……"

第一章 剑桥、舰队街和英格兰银行

当有人问我时,我总是把我在英格兰银行工作的那段时间描述成一次"借调",尽管当时的主编明确表示,为期三年的工作合同实际上意味着我不得不正式从《金融时报》离职。事实上,我是从新闻业而不是《金融时报》"借调"过来的,虽然我一直与该报保持着联系,但我再也没有回去。

英格兰银行在那个年代是一个奇特的地方。有些人,包括我认识的财政部的人,认为它现在仍然如此。比如,2012年财政大臣乔治·奥斯本(George Osborne)就坚定地聘用加拿大央行前行长马克·卡尼(Mark Carney)以期给针线街①(Threadneedle Street)带来新变化。英格兰银行过去是,现在仍然是一个等级森严的地方,人们认为上任的卡尼可能会改变这一切。然而,事实是成立于1694年的英格兰银行以前没有现在辉煌,原因就是它受到了太多的阻挠。此时此刻,人们也可以察觉到财政部和英格兰银行之间的紧张关系。尽管行长卡尼受制于多个委员会,但在英格兰银行他依然是最有话语权的人。

实际上,20世纪70年代,理查森和道也一直想给英格兰银行聘任一位新行长。

政策制定者是受过教育的人,拥有自己的世界观。有些人自信,甚至傲慢;有些人则对自己没有信心。有一个古老的笑话是这么说的,一些政策制定者的观点反映了他们最后一次谈

---

① 针线街上云集了英国许多著名的金融机构,英格兰银行也位于此街,因此针线街被视为英国金融中心。

话对象的建议。我在英格兰银行工作时，就遇到一些官员这样抱怨，当然只是半开玩笑，尽管行长理查森不遗余力网罗了一大批受人尊敬的具有高专业素养的顾问，但是真正起作用的却是前一天晚餐时和坐在他旁边的那个人进行的一次谈话。

1973年至1983年，英格兰银行的行长由理查森担任，他威严强势，据我的女性朋友说，他看上去就像罗马皇帝，风度翩翩，身姿挺拔。他寿至耄耋，但不幸眼睛失明。后来，在继任行长埃迪·乔治（Eddie George）被颁授凯恩斯·斯拉法奖（the Keynes Sraffa Award）的招待会上，埃迪·乔治把我拉到一边，拜托我照看好理查森。各种各样的银行和城市的名字被主持人报出来，理查森不断在我耳边低语："他还与我们同道吗？"我很少记得做过的梦，也很少留意它们。但是，我对那天晚上做的梦却记忆犹新，梦是这样的：我和理查森在一个阴森森的大厅里闲逛，他不断重复着那句话，"他还与我们同道吗？"

我在英格兰银行的主要工作是从一群才华横溢的经济顾问那里收集经济评论所需的素材，这些人在道和莱斯利·迪克斯-米罗（Leslie Dicks-Mireaux）手下工作，后者负责经济部。几年前，在英国国家经济和社会研究院（the National Institute of Economic and Social Research）工作时，道和迪克斯-米罗曾写过一篇著名的（经济学界公认的）关于工资暴涨的文章。这无疑误导了一些银行经济顾问，其中就包括比道更早入职英格兰银行的迪克斯-米罗自己，他深信只要道能够就职该行,他们两个人就可以和谐愉快地合作。但事实证明情形并非如此。实际上,他们似乎并不在一个频道上。

我很快意识到,过去常用的短语"英格兰银行认为……"对我来说显然是个错误,这个短语表达的似乎是一个统一的观点。银行里人才济济,观点纷呈。他们书桌上的文件堆积如山,其中就可能包括甲官员对乙官员就丙官员写的行长演讲稿进行的阐释发表的评论。

还有一个更复杂的问题。经济信息部(the Economic Intelligence Unit)由迈克尔·桑顿(Michael Thornton)负责,他是一位和颜悦色的老派英格兰银行高级职员,在第二次世界大战中曾被授予"战功十字勋章"(Military Cross)。他并非真正的经济学家,因此道对其评价不高。有一次,他把我叫过去,因为道正在部门间传阅一篇文章,征询相关建议。他坦诚地说:"我不知道他在研究什么。我不是经济学家。"

桑顿过去经常在我如今负责编写的季刊出版前夕主持小型新闻吹风会,所以我任职英格兰银行之前就认识他。每次去英格兰银行,我都会正式而礼貌地去拜访他。他曾经轻松地对我说:"哦,基根,我必须承认,尽管这么多年来我一直关注你在《金融时报》上发表的文章,但是我唯一能够记得的一篇应该是你写的关于拥有一辆大众汽车的那篇文章。"

倘若人们认为2012年的英格兰银行老派保守的话,那么20世纪70年代中期的它就更加古朴典雅。那时,该行喜欢邀请记者到银行来并对他们充满信任,我当然不希望对邀请我的主人一味地进行毫不留情的批评。不过，日常生活中的一些趣事总会在我的脑海中萦绕徘徊。例如，我认为现在所谓的职业道德已经延伸到了它的极限，而往昔的英格兰银行和伦敦金融城应该是一个相当文明和轻松的地方。在我习惯如今的工作状态之前，我会因为与人接触的不易而感到困惑。那时没有电子邮件，但内部电话线的另一端总会有人在等着你。通常是一位助理或人事部的某个人——人们将这个部门称为"员工接待处"。

"请问，某某在吗？"

"哦，对不起，他去喝咖啡了。"

"那请问，某某在吗？"

"哦，对不起，他去喝茶了。"

通常，这意味着那个人已经穿过洛斯伯里路到英格兰银行俱乐部去了，那里早上提供的饮品是咖啡，下午提供的是茶，供银行职员休闲品尝。该俱乐部靠英格兰银行补贴经营，自许品质上佳，酒吧生意尤其兴隆。然而，我对英格兰银行这种家长式照顾职员做法的最美好记忆，却是如果我在下午5点30分之后工作的话，我有权享受到一份三明治和一瓶阳狮牌淡啤酒，好让自己精神饱满地工作。

大多数刚入职的工作人员通常住在郊区或者更远的地方，下午5点30分是他们赶去搭乘通勤火车的时间。与此形成鲜明对比的是，依照《金融时报》的工作惯例，下午5点30分至下午7点我才开始撰写新闻报道，而且我把这一习惯带到了英格兰银行。这让我不仅可以享用由礼貌的服务生提供的优质三明治和淡啤酒，还可以享受一段自由的时光，安安静静地编撰季刊或者撰写最终将会出现在季刊上的文章。

一个引人瞩目的区别是虽然记者们都词汇丰富，表达力强，但银行出版物中出现的每一句话都必须认真地斟酌与推敲。关于这一点，我的妻子①——一位商业大律师并曾任英格兰银行经济顾问——说她自己只是在拟写草稿，而我则是在创作。

鉴于英格兰银行一直在和财政部玩猫和老鼠的游戏，所以，一旦在最后期限达成共识的曲折过程结束，文件的起草工作就会无比艰巨。如今，几乎一个星期的时间过去了，还是没有任何来自行长和各种货币监管委员会成员的公开评论。不过，在理查森当行长期间，他公开发表的声明也非常稀少，以至于《星期日电讯报》负责金融城报道工作的编辑帕特里克·哈伯（Patrick Hutber）给英格兰银行取了个名字，叫作"未知行长之墓"。

道在其日记中对英格兰银行的整体氛围进行了精彩的描述，而其日记就是英国国家经济和社会研究院出版物的简写版。我记得他曾经沮丧地评论道："这个地方！你可曾读过司汤达？"道不仅和行长理查森暗生嫌隙，而且跟银行总出纳也关系不睦，原因是总出纳笃定自己有权管理这个地方。有一

---

① 此处指作者的第二任妻子希拉里·斯通弗罗斯特。——编者注

次，在被称作会客厅的行长办公室里，理查森、道和我相聚在一起，讨论即将发布的季度报告。理查森抬起头说出下列一番话时，言语中透出两人紧张的关系，"你们知道，我们仨都是局外人。"道不遗余力地把凯恩斯主义的观点融入行长的演讲稿和季度报告最出彩的"评估"部分。我们中的一些人创造了"道式"一词，用来形容他艰涩难懂的文章。

作为凯恩斯主义者，道对货币主义持有坚定的怀疑态度。货币主义是一个非常古老的经济学说，其支持者认为，抑制通货膨胀本质上就是控制货币供应量。货币主义的现代版本与美国经济学家，芝加哥学派的米尔顿·弗里德曼（Milton Friedman）有关。凯恩斯主义者始终认为，控制通货膨胀比弗里德曼及其弟子想象的要复杂得多。20世纪70年代，在《新闻周刊》（Newsweek）的专栏上，弗里德曼和美国著名凯恩斯主义者保罗·萨缪尔森（Paul Samuelson）展开了一场激烈的论战。萨缪尔森曾经说过，弗里德曼是"世界第八或第九大奇迹，当然，这得看你如何评价大峡谷"。但是，当凯恩斯主义的方法遇到困难，同时政策制定者的生活又变得愈加艰难时，货币主义便会大行其道。它与撒切尔政府密切相关——确实如此——但也有一些人认为，它真正开始于以卡拉汉为首的英国工党政府，当时，他从哈罗德·威尔逊（Harold Wilson）手中接任首相，同时面临1976年国际货币基金组织危机。

大约十年前，英格兰银行就曾因为试图推行一项被称为竞争与信用控制的政策而引火烧身。英格兰银行的经济顾问知道控制货币供应比某些英国政客想象的要复杂得多。但是，总会有那么一批随波逐流、趋炎附势的官员让那些错误的主张有些生存空间——而他们中的一些人甚至还对其深信不疑。

然而，有一个事实是无法逃避的，那就是我在剑桥大学里学过的凯恩斯主义经济学在20世纪70年代遇到了麻烦，为货币主义的兴起提供了契机。凯恩斯主义方法是为了应对1929年至1933年的大萧条而产生的，当时英国的失业率上升到15%。引用希利深爱的一句话来形容凯恩斯主义的基本方法，就是"当你身处深坑时，就停止挖掘吧。"

一般来说，当私营经济不景气，而货币政策又陷入所谓的流动性陷阱，导致降低利率对刺激需求无效时，才会考虑增加公共开支。"二战"后，救援行动演变成了所谓的"需求管理"（demand management），包括减税和增加公共开支。"二战"后几十年里相对成功的经济政策可能使凯恩斯主义政策制定者变得过于自信。当时的想法就是适时实施经济扩张政策，在国际收支失衡或者出现通货膨胀时予以收紧。

控制通货膨胀变得越来越困难。在美国，越南战争的支出加剧了通货膨胀的趋势，而在英国，当工会意识到自己的议价能力并展示肌肉时，控制通货膨胀就成了问题。

20世纪70年代流行这样的结论，凯恩斯主义者已经无计可施，物价和收入政策在抑制通货膨胀方面没有效果。货币主义趁势而起。1979年至1983年在杰弗里·豪爵士（Sir Geoffrey Howe）担任财政大臣期间，凯恩斯主义政策黯然失色，风光不再。

1976年10月，首相卡拉汉在参加工党会议时说，一个人再也不能用自己的钱走出衰退。这句话被货币主义者视为凯恩斯主义灭亡的证据。然而，他说这样的话完全是一种策略，其目的是安抚充满敌意的美国财政部，以免其对英国与国际货币基金组织之间进行的谈判指手画脚，横加干涉（参见后文"1976年：向国际货币基金组织借款危机"）。

在保守党执政八年后，卡拉汉在其回忆录中清晰地指出，他本人是一位真正的凯恩斯主义者，不同意撒切尔夫人、豪爵士以及尼格尔·劳森（Nigel Lawson）的政策，他们的政策导致当时英国的失业率迅速上升。事实上，在1977年至1978年卡拉汉首相任期即将结束时，通货膨胀和失业率都已经在下降。但是，1978年至1979年的"不满的冬天"①（the Winter of Discontent）导致了工党政府在经济管理能力方面的声誉严重受损。

多年之后，当国际金融危机于2007年至2009年爆发时，真相变得十分清晰，凯恩斯一直都是对的：摆脱经济衰退的唯一途径就是消费花钱。

正如货币主义大师弗里德曼教授所言：这听起来很简单。道的主要任务之一就是私下里向理查森行长进行解释，有时候

---

① 指大约从1978年12月到1979年2月的冬天，发生于英国的规模浩大、影响深远的罢工运动，事件造成首相卡拉汉领导的工党政府声望急剧下降，随后更在1979年5月的议会大选中被撒切尔夫人领导的在野保守党击败。——译者注

需要很详细地解释：前一天晚上吃饭时，关于货币供应问题，理查森行长侧耳倾听的最后那位金融城人士给出的建议不一定是完美的。

在理查森行长辛苦招募的那些人以及那群才华横溢的经济顾问看来，理查森行长的确不太可能轻易受到局外人意见和评论的影响，而这些人也都是他在日常的商业和社交活动中结识的。

在我入职英格兰银行之前，除了频繁与道共进午餐之外，我还接受了该行与英国外交部传统的"乡间别墅测试"（country house test）类似的考察。至少在那个时候，候选人的言谈举止和礼节礼仪还是需要被考察的。通常，这种测试在一个联排别墅或者更准确地说是顶层豪华公寓里进行：与理查森和他的一些同事共进晚餐，而理查森展现出的关于正宗纽约风味的马提尼酒的丰富知识令人印象深刻。

晚餐之前提供几种酒，晚餐时更是不乏品质上乘的白葡萄酒和红葡萄酒，像波尔图葡萄酒和白兰地葡萄酒。英格兰银行的热情好客在当时和之后的几十年里都堪称传奇。但后来，在2003年至2013年默文·金爵士（Sir Mervyn King）任行长时，午餐时不再主动提供葡萄酒。这个把戏的关键在于，事先被问及有何饮食要求时，你一定要说："葡萄酒。"我明白，如果是劳森勋爵的话，他肯定要"优质干红"。

在去英格兰银行之前，我还被《经济学人》（The Economist）考察过。该杂志布鲁塞尔分社负责人安德鲁·奈特（Andrew Knight）曾给我提供了一个职位，让我和他共同管理布鲁塞尔办事处。作为《金融时报》资深记者，我不太想成为他的副手，而且这个共同管理提议很奇怪，事情随后的发展揭开了谜底。原来他返回伦敦担任《经济学人》编辑早已成定局，只是当时没有告诉我。我对去布鲁塞尔工作感到好奇，但并不特别感兴趣。因为《金融时报》经常报道英国和欧洲其他国家的关系，所以在工作需要的时候我会到布鲁塞尔和欧洲其他国家的首都出差。

不过，在奈特的建议下，我同意前往阿拉斯泰尔·伯内特（Alastair Burnet）位于伦敦的办公室和他见了一面。当天下午6点到8点的"面试"时间里，我们之间进行了一次十分愉快的谈话。他坐在书桌后面，我坐在书桌前面。在谈话的过程中，一瓶麦芽威士忌被喝光，当然，大部分是被他喝掉的。当我表达对在布鲁塞尔工作的担忧时，他认真探讨了我在伦敦办事处工作的可能性，还让我考虑一下。

我加入《经济学人》的想法渐渐淡去，但我和《经济学人》的联系却没有中断。当我在英格兰银行工作时，有一天，我的朋友莎拉·霍格（Sarah Hogg）给我打电话，她当时担任《经济学人》的经济编辑。她邀请我去莱斯特广场（Leicester Square）附近的曼齐（Manzi's）鱼餐厅吃午饭。我接受了她的邀请，但警告她，我是一位太过显眼的被关注的对象，所以不可能给她提供任何独家新闻。

双方就此达成共识。就在指定日期到来之前，道的私人助理鲁珀特·彭南特-雷亚（Rupert Pennant-Rea）找到我，说他想到新闻领域发展，问我能不能帮帮他。我打电话给霍格谈了这件事。她说她正要找一个助手，便让我带彭南特-雷亚一起去吃午饭。我其实不必担心银行和莎拉之间会因为机密信息而陷彼此于尴尬，从霍格的角度来看，我也一直在寻找这样的信息。后来，我们会面的大部分时间变成了霍格对彭南特-雷亚的非正式面试。最后，她问彭南特-雷亚写过什么东西没有，找几篇给她看看。后来，彭南特-雷亚被《经济学人》正式录用，并升任编辑。

故事并未就此结束。多年之后，1992年的最后几个月里，霍格担任了首相约翰·梅杰（John Major）唐宁街10号[①]政策小组的负责人。当时，英国政府正在考虑让罗宾·利-彭伯顿（Robin Leigh-Pemberton）接任英格兰银行行长一职。英国的首相和财政大臣都喜欢在这些场合搞出点意外，但毫无疑问，下一任行长必定是埃迪·乔治，他一直是英格兰银行的职业明星。事实上，埃迪·乔治早就被看好了。当我1976年到那里工作时，道告诉我他要给我看一篇论文，这篇论文是他委托行里一个聪明的年轻职员撰写的，内容是关于经济信息部的重组。那个聪明的年轻人就是埃迪·乔治，而那篇论文则是《乔治的报告》（George Report）。

埃迪·乔治一路升迁，先后任职经济部、海外部，尤其

---

① 唐宁街10号为英国首相官邸。

是强大的市场部，最终位及英格兰银行副行长。问题是当埃迪·乔治被任命为行长时，谁将担任副手呢？

内部候选人很多，但是首相梅杰和财政大臣诺曼·拉蒙特（Norman Lamont）想要搞出点惊喜。这个惊喜由霍格提供，她推荐的正是她多年前招募的经济顾问彭南特-雷亚，时任《经济学人》编辑。我对这件事情的印象是这不是埃迪·乔治自己会做出的选择，但他还是接受了她的推荐。他们两人之间是工作关系，彼此相处融洽，但后来发生的一件事让双方感到颇为尴尬。

《太阳报》（*The Sun*）上一条令人难忘的标题即是这一事件的缩影："英格兰银行门事件"。据报道，彭南特-雷亚被发现竟敢"明目张胆地犯罪"，在行长的地毯上和一个女朋友做爱。那时，正副行长各设一人，不是两个或者更多，后来副行长人数增至三到四人。内部通讯发至"行长们"，而那张上演了此次"绯闻"的地毯，两位行长其实也随时都在使用。

时任财政大臣肯尼思·克拉克（Kenneth Clarke）是一位心胸开阔、性格平和的人，觉得此事无须大惊小怪。但对埃迪·乔治来说，这是一种耻辱；事实上，这是一种亵渎。英格兰银行也因此蒙羞。毫无疑问，彭南特-雷亚必须离开英格兰银行。

埃迪·乔治是一个婚姻美满的人，整个事件让他震惊不已。由于他一开始对彭南特-雷亚的任命并不十分热心，尽管十分恼火，但我不敢确定他是否认为这是一场巨大的悲剧。

然而，回溯到1976年至1977年，彭南特-雷亚建议我，在出版了几部小说之后，我应该和他一起写一本关于经济政策的书。这部作品最终以《谁管理经济？对经济政策的控制和影响》为题出版发行。我们最终得出的结论可以用下面这句话进行概括："这要视情况而定。"政客们上台时都有雄心勃勃的计划，但迟早会遭遇麦克米伦所说的"大事件"。

《观察家报》，1977年至今

我和英格兰银行的工作合同为期三年，期满后没有续约。其实，我在那里待了一年之后，《观察家报》就找到我，准备给我一份理想的工作：该报经济编辑。《观察家报》是一份我十分崇敬的报纸，自从20世纪50年代早期送过这份报纸之后我就一直对其有如此的情感。另外，该报曾反对1956年的苏伊士运河战争，该事件导致时任首相罗伯特·安东尼·艾登的下台，为麦克米伦从财政部迁至唐宁街10号铺平了道路。

在流通量和刊物规模上，与庞大的《星期日泰晤士报》相比，《观察家报》无论是当时还是现在都略逊一筹。虽然该报的办刊理念中间偏左，但它比许多左翼人士所希望的要"自由"得多。在该报的鼎盛时期，大卫·阿斯特（David Astor）身兼双职，既是老板又是编辑。到1977年有人找我的时候，他已经退休。虽然阿斯特是个百万富翁，但他对商业或金融从来都不是特别感兴趣。他之所以出名，是因为他曾经问过这样一个问题:"什么是抵押贷款?"当被告知答案后他颇感恐惧,对员工们"负债累累"表示担忧。

在新任主编特雷福德的领导下,《观察家报》着力强化经贸报道。长期以来,主要的商业报道均通过一个叫"财富之门"的专栏见诸报端——这个名字在我看来总含有一点轻蔑的意味。早在20世纪60年代,就有一个值得纪念的、能够反映《观察家报》态度的例子。他们曾委托罗伊·詹金斯(Roy Jenkins)撰写英国帝国化学工业集团(ICI)收购纺织行业竞争对手科特奥兹公司(Courtaulds)竞标失败的报道。当时,英国帝国化学工业集团主席保罗·钱伯斯爵士(Sir Paul Chambers)住在汉普斯特德主教大道,詹金斯在其文章中相当自傲地将这处昂贵的房产称作"商人的豪宅"。

《观察家报》对我的面试是在一家名为黑衣修士的装饰派艺术酒吧里进行的,酒吧的对面就是黑衣修士站,距离那时还在圣安德鲁山的《观察家报》报社仅一步之遥。喝了好几品脱[①]啤酒之后,副主编约翰·科尔(John Cole)告诉我,该报需要一名全职经济记者;当时,伦敦经济学院的艾伦·戴(Alan Day)教授每星期为他们撰写一篇文章。他非常杰出,但确切地说,他是一位学者,不是一名记者。他不能主持新闻发布会并与财政部、英格兰银行或者其他方方面面保持联络,更别说去参加经济峰会了,比如1975年由法国总统吉斯卡

[①] 此处为容积的英制计量单位,1品脱≈0.568升。——译者注

第一章 剑桥、舰队街和英格兰银行

尔·德斯坦（Giscard d'Estaing）在朗布依埃（Rambouillet）主持召开的第一次经济峰会，当时我作为《金融时报》的记者前往报道。

事后得知，推荐《观察家报》和我接触的人是后来的政治编辑拉斐尔。拉斐尔为《卫报》工作，当时我在《金融时报》任职，在他做议会委员会报道时，我们彼此有过几次接触。

面试时，你永远都无法肯定自己是否已经被录用，但在黑衣修士酒吧喝酒时，我强烈地感受到科尔已经决定雇用我了。不过，还有一件小事就是与特雷福德会面。几天后，我去了特雷福德的办公室。他当时相对来说不那么知名，但他漆黑的头发和乌黑的双眼却给我留下了深刻的印象。他是一个非常有礼貌的人，但神情却让人难以捉摸。我觉得他对我了解不多，不过，他很高兴接受科尔和拉斐尔的举荐。然而，多年以来很多人都低估了特雷福德，我认为，作为一个直觉超强的人，他如果有任何疑问，就一定会推掉和我的这次约会。他还特意把我介绍给文学编辑特伦斯·基尔马丁（Terence Kilmartin），一个比其头衔更具影响力的人物。

事实上，任职《观察家报》是我职业生涯中的重要一步。然而，我首先遇到的小问题就是我和英格兰银行为期三年的工作合同未到期。英格兰银行没有从中作梗。虽然我编辑季刊经济评论的工作进展得很顺利，但是我想道很快就意识到，我不是那种希望成为官僚体系一分子的专业经济顾问。当我去见理查森告诉他我将离任时，他立刻说道："我一直认为你非常适合做一名记者。"我的朋友约翰·比斯法姆（John Bispham）更是很快就打消了我的疑虑，他在银行负责经济预测，他说："你应该接受这份工作。道的私人助理鲁珀特·彭南特-雷亚也是这么想的。"

1977年春天，《观察家报》向我发出工作邀约，并同意我编辑完下一期季报后，于夏天离开英格兰银行。我在银行里结交了很多好友，建立起了自己的人脉，令我最为感动的是，他们以文明的方式信任我这个"银行内部记者"。我接触过各种机密信息，当时正在发生严重的经济危机，金融市场和金融媒体痴迷于公共部门借贷以及官方黄金和外汇储备的统计数据。

《观察家报》副主编科尔曾指出，我可能太看中官员们说的话了，而对民选政客没有显示出足够的尊重。当我就经济政策的某些方面向他解释时，他总是说："但哈特斯利说……"好像哈特斯利是上帝似的。后来，我有机会对哈特斯利有了充分的了解。他对事件的非凡记忆给我留下了深刻的印象——据我所知，他的记忆总是准确无误。哈特斯利告诉我他从来不做笔记，而且十分看不起那些做笔记的大臣们，而他们在内阁会议上记笔记的做法更是令他不屑。我不禁想对"海森堡不确定性原理"（Heisenberg's principle）做一下政治性阐释，即观察可能会影响会议记录的质量。

1976年，英国工党遇到的真正问题是他们失去了对金融市场的信心。英镑承受了相当大的压力，英国政府发现不可能通过出售政府储备资产或者"金边债券"为支出提供资金。这就是众所周知的"国债罢工"(gilt strike)。十年前,英国工会罢工导致政府出现问题,而现在,为英国政府开支提供资金支持的机构实际上也罢工了。

我所接触的财政部的官员,不管他们对金融市场是否抱有信心,都知道主流观点正在抑制政府的政策。我试图向科尔说明这一点,但他总是说:"你接触的那些官员都不是民选政客。"

科尔在饮酒和广播方面有刻板的建议。有一次,我将我的朋友理查德·布朗介绍给他,而理查德·布朗即将前往英国广播公司(BBC)与两位议员同时又是经验丰富的播音员就经济问题展开讨论。"在辩论之前你必须喝两杯奎宁杜松子酒,"科尔说,"不是一杯,也不是三杯。"

做金融记者以及在英格兰银行内部工作让我结识了许多不同层级的官员。他们了解我,我也了解他们,但是这一切都没能阻止英格兰银行用非同寻常,甚至极端的方式对待最终成为我妻子的那个女人。

1979年,希拉里·斯通弗罗斯特从伦敦经济学院毕业,获得硕士学位。作为应届毕业生,她拒绝了英国外交部和财政部提供的工作机会,选择到英格兰银行从事经济研究。

1983年,希拉里和我经我们共同的朋友——也是我们的同事理查德·布朗——介绍彼此相识。理查德·布朗曾是国际货币基金组织的官员。当时,希拉里是英格兰银行研究美国经济的专家之一,而美国经济则经常在新闻中出现。一天,当我和理查德·布朗一起讨论美国经济时，他说我应该见见希拉里，她对我们正在讨论的美国金融领域有更多、更专业的了解——她关于美国事务的研究不仅经常在英格兰银行内部广为人知，而且颇受财政部的青睐。

一天，我们三人在齐普赛街上的流浪者餐厅吃早餐。该餐厅由鲁克斯兄弟经营，时尚豪华，楼上供应价格不菲的法式餐点，楼下则是价格昂贵的米其林星级餐厅。如今，这里成了一个建筑协会的办公场所。

我已经不太记得当时讨论的内容，但当时希拉里给我留下的印象却依然清晰。几个星期之后，在希腊街的蜗牛餐厅我们共进午餐。这期间，我们相谈甚欢，彼此互相吸引。大约下午4点，理查德·布朗借故离开。

离开餐厅之后，我们沿着希腊街漫步，我注意到希拉里带着一条马鞭。我想："要是我认识的人看见我和一个漂亮女孩在苏活区（Soho）逛街就尴尬了——关键是，我的一位新女权主义朋友曾教导我，要称呼那些带着马鞭的女性为女人，而不是女孩。"

原来，她在米尔山养了一匹马，她正打算去那里。

当时，我和我的第一任妻子刚刚分居并离婚，孩子们和他们的妈妈生活在一起，如何尽可能多地和孩子们见面是我考虑最多的问题。我读过一份令人恐惧的统计数据，50%的离异父亲最终与子女失去了联系。我也交往过几个女朋友，但始终没心情再尝试"安个家"。不管是什么原因，那次成功的午餐之后，我并没有采取进一步的行动。倒是希拉里主动从我家门缝塞进来一封信，信上说，作为一名女权主义者，她相信自己会为自己的选择付出代价。正如我带她去吃午餐那样，她邀请我一起共进晚餐。

我们经常开玩笑说，如果她没有写那封信的话，我们也不知道现在会是什么样。但关键是她写了，随后我们开始约会了。

这让我想起了英格兰银行在这件事上的古怪行为。几年后，希拉里告诉我，英格兰银行曾承诺给她升职，让她与经济顾问查尔斯·古德哈特（Charles Goodhart）一起工作。古德哈特深入参与货币政策的制定和货币统计的工作。但是，升职的条件却是停止和威廉·基根见面。

她当即驳斥了这个无耻的要求。他们这样做的目的显而易见：货币政策是撒切尔政府的战略核心，而该行则担心出现失信行为。

他们的担心和他们的行为一样荒谬，都是官僚主义思想的产物。当时，大约四分之一的员工似乎以某种方式属于某种人事类别，负责监管其他三个类别的人。坦率地讲，我在英格兰银行时，经常会想为什么这个机构里有那么多爱管闲事的人。

货币主义和货币统计无疑是政策制定的核心依据。在《观察家报》工作时，我曾直言不讳地批评英国政府制定的金融政策，并认为那些所谓宝贵的货币供应统计数据实际上毫无意义。此外，我与英格兰银行许多层级在希拉里之上的官员保持着非常好的职业关系，因此，比起我的新女友，他们更可能告诉我银行的那些不妥行为。我与这些官员的良好关系一直没有中断。

那段插曲既荒唐又无礼，对希拉里来说尤其如此，她对此事谨慎至极，直到几年后才告诉我。在银行内部人士看来，那是一次绝佳的升迁机会。但是，出于对一个当时还只是男朋友的人的忠诚，她放弃了那个机会。当时，货币政策大行其道。在这种情况下，她根本无法确定我们的关系会走向何方。

现在，我们谈一个有关记者、财政大臣和前记者之间友情的有趣例子。1983年至1989年，劳森担任财政大臣，他有着辉煌的新闻从业经历，曾在《金融时报》《星期日电讯报》(*Sunday Telegraph*)和《旁观者》(*The Spectator*)任职。当他担任财政大臣之后，我经常对他所推行的政策持批评态度，最初还不时戏谑地称他为"我的老朋友"。这似乎很受读者欢迎，劳森也是如此，尽管我们两人经常意见相左。

遇到我时，他总是很高兴地说："还是在写同样的废话。"我也总是这样回答："还是在奉行同样的旧政策。"有一次在议长偶尔举行的酒会上，一家右翼报纸的记者试图讨好劳森，当我走近他时听到他对劳森说："你为什么会和他说话呢？"闻听此言，时任财政大臣的劳森将一只手臂搭在我的肩上，回答道："因为我们是老朋友。"

我的工作时不时会受到威胁，每当我的工作受到威胁时，劳森总是会来《观察家报》吃午饭。无论是1976年至1981年拥有该报的美国大西洋里奇菲尔德公司（Atlantic Richfield），还是1981年至1993年收购该报的英国罗荷集团,他们都不喜欢我对撒切尔政府的攻击。在一次午餐会上,《观察家报》的一位董事肯尼思·哈里斯(Kenneth Harris)也在场,他肯定是属于想要开除我的那个阵营的人。午餐快结束的时候,他相当傲慢地转向劳森说:"大臣先生,我们总是在批评你,现在,你对我们有什么要说的吗?"

这时,副主编托尼·霍华德(Tony Howard)用胳膊肘碰了我一下,低声说道:"等着瞧吧。"接下来劳森说的话实在解气。他说:"我知道你指的是什么。我读了威廉的专栏。我并不总是同意他的观点。但我不能没有它。"

几年之后,肯尼思·哈里斯已经把我视为他的一位老友。1976年,肯尼思·哈里斯将当时已经无力弥补亏损的《观察家报》老板阿斯特介绍给了美国大西洋里奇菲尔德公司董事长罗伯特·O. 安德森(Robert O. Anderson),从而拯救了《观察家报》。肯尼思·哈里斯在伦敦组织了一次年度晚宴,这样安德森和他的同事们就可以见到《观察家报》那些伟大的、优秀的和不那么优秀的人。这些年来,成百上千的客人出入伦敦各种高级酒店,《观察家报》的许多高级职员也受邀前往,但我从来没有去过。

然而,世事难料。1993年,英国罗荷集团把《观察家报》卖给了斯科特信托基金会,该基金会亦是《卫报》的拥有者。许多过去被邀请参加年度晚宴的高级职员离开了,换句话说,他们被开除了。我却成为这个"老班底"为数不多的幸存者之一，而且突然发现自己很想参加年度晚宴，毕竟那也是一种需求。不过，在这些事情上我始终能够着眼未来，从长计议。

从1976年开始，为了拿到北海石油的开采权，安德森一门心思要讨好卡拉汉政府及撒切尔政府。美国大西洋里奇菲尔德公司就是想挣北海油田的钱，但我本人和其他许多观察家都很担心，这笔巨大的天然财富正在被浪费掉。在我看来，未来的财政收入将会不可避免地减少，因此，正如挪威政府所做的那样，来自北海油田的收益应该用于规划未来的投资。令人叹息的是，英国财政部反对他们所谓的"抵押"想法，即将特定来源的收入用于特定的目标，而不是将其放入一般的税收中。撒切尔政府毅然利用财政收入解决公共部门的借贷问题。我非常关注这一事件，于是写了一本书，题名《没有石油的英国》(*Britain Without Oil*)，由企鹅出版社出版发行——呼吁英国政府实施一个基本上从未实施的投资计划。这本书有趣的地方是出版社在封面上画了一幅画：一条空旷的高速公路上长满了杂草——这与现代高速公路频繁堵车的景象形成了强烈的反差。

在《观察家报》工作时，我自己倒是没有经历过太多的干扰，而且我一直认为主编特雷福德善于为员工们抵挡来自各界的批评。事实上，作为《观察家报》的一员，我也曾被邀请在"规则餐厅"(Rules)与美国大西洋里奇菲尔德公司的人共进午餐，那是一家非常传统的伦敦餐厅，《观察家报》的人认为这里会给美国人留下深刻的印象。

这一点真的做到了，不过只是某种程度上做到而已。《观察家报》的新主人们对"巴黎矿泉水"喜爱有加，而且他们注意到大鱼只是一道小菜，后面狄更斯式的野味才是令他们垂涎的大餐。

当蒂尼·罗兰（Tiny Rowland），英国罗荷集团的负责人，接管《观察家报》时，他面对的是大多数员工和读者的敌意。当时，他正在努力培养与撒切尔政府的关系，以便获得购买哈罗德百货公司的许可。这故事很长，引发了公众的遐想。我们这些《观察家报》的撒切尔政权的主要反对者显然是被整治的对象。此外，当罗兰在《观察家报》阴暗的地下食堂（当时，我们还在圣安德鲁山8号）向记者发表讲话时，我挑衅地问了一个关于他的意图的问题，这显然是不可接受的。"那个人是谁？"罗兰向他的一个副手询问道。

他接管《观察家报》是一件有争议的事情，因此，垄断委员会（the Monopolies Commission）举行了听证会。不管汤姆·鲍尔（Tom Bower）在其关于罗兰的书中说了什么，但我绝对没有为他提供任何相关证据。科尔，我们的副主编，不久之后离开《观察家报》报社去英国广播公司做了政治编辑。我是极力建议科尔留下来的人之一，当时我并未意识到，在他加入英国广播公司之后，他的长相和阿尔斯特口音会使其成为英国家喻户晓的人物。

然而，我留下来了，而且成了一个惹人注目的人物。接下来是作为主编的特雷福德展现其技巧的一个极好的例子。一个星期六的早晨，我到主编办公室去拿一份备忘录，并跟他说我商务编辑的职责被剥夺了，我的"我之观点"专栏也被从报纸的头版删除了。在报业繁荣的年代，报纸都辟有独立的商业和运动专栏。

整个上午都在交换信件，但我的信件却无人问津。实际情况可能更加糟糕。和《观察家报》的某些董事一样，罗兰真正想要的就是解雇我。最后，特雷福德想出了一个绝妙的妥协方案，授予我一个"副主编"的头衔。

不久之后，特雷福德的秘书来找我，问我是否有空和主编特雷福德打场斯诺克。我当然有空！那时，穿过泰晤士河到布莱克修士站的铁路拱桥下有家名叫大愚的斯诺克俱乐部，是主编特雷福德最喜欢去的地方之一。在那里，他可以摆脱一份由罗兰拥有报纸所带来的巨大压力。[顺便说一句，其实"小"·罗兰①身材高大，而特雷福德身材瘦小，但却被《私家侦探》②（Private Eye）描述为"身材完美"。从此，他们两人便以"两个小矮人"著称。]

特雷福德非常喜欢斯诺克——可以说是钟爱，他甚至还专门写了一本关于斯诺克的书。我也喜欢偶尔来场比赛，但水平无法与特雷福德相比。《观察家报》伟大的政治专栏评论员艾伦·沃特金斯（Alan Watkins）在其名为《沿着舰队街走一

---

① 蒂尼·罗兰（Tiny Rowland）中的Tiny意为"微小"。——译者注
② 此英国杂志专门以讽刺揭发各种丑闻为己任，让很多心怀鬼胎的政客、名人、大公司闻风丧胆。它的漫画更是以辛辣著称。——译者注

走》(*A Short Walk Down Fleet Street*)的书中做过这样的观察,在他工作过的每一家报社里,都会有一个被称为"主编朋友"的人——一个值得信赖、愿意依照老板的意愿陪主编去酒吧的人。

奇怪的是,虽然我已经不再是商业专栏的编辑,但我发现此刻自己已经是主编的朋友——或者说,至少是他的一位朋友,因为特雷福德颇善交际,朋友很多。我记得在第一场斯诺克比赛中我就冒昧地问特雷福德,我这位新晋副主编究竟要干些什么,他几乎不假思索地回答道:"随时听候主编的调遣。"

第二章

亲历九次危机

危机的背景

我想简单地勾勒一下本书所描写的半个世纪以来英国经济跌宕起伏的背景。

我遇到的第一批政策制定者，无论是保守党还是工党，都是经历过第二次世界大战的一代人——事实上，很多人都经历过两次世界大战。从经济和社会的角度来看，他们希望避免重演1929年至1933年的大萧条以及随之而来的保护主义和竞争性贬值。第二次世界大战把英国各阶层人民集聚在一起，而且选民们相信由工党治理的社会更为公平，因此，尽管丘吉尔战绩辉煌，对盟军的胜利做出了贡献，但是，在1945年大选中保守党还是以失败告终。此外，那次选举的结果让公众深信，幸亏英国不是一个总统制政体——如果是，很难相信丘吉尔不会连任。

我既然提到了"政策制定者"，那么我将尝试回答这个问题——"政策制定者以前和现在都是什么人？"。在英国，谈到经济政策时，我们必须从首相，即英国最高层级的民选代表和财政大臣开始。首相也是第一财政大臣，因此，首相和财政大臣之间的关系至关重要。劳森曾经说过，这是英国政府中最重要的关系。他应该知道这一点，他自己也曾担任财政大臣。有一段时间，他和首相撒切尔夫人关系很好，但后来他们之间的关系还是崩溃了，彻底地崩溃了——这场崩溃标志着撒切尔夫人的首相任期即将完结，并将保守党已经溃烂几十年的伤口揭开，公之于众。

我曾经因为使用"政策制定者"一词受到政治评论员沃特金斯的批评。这个词现在已经广为使用，我想当时沃特金斯肯定认为这个词是我生造出来的，我不知道是否如此。在报道英国经济政策的整个过程中，我认为最重要的就是首相和财政大臣之间的关系。我认识的大多数财政部的高级官员都倾向于说，当首相和财政大臣之间的关系出现问题时，问题就会出现。但这一规律也有例外，那就是2010年至2016年戴维·卡梅伦（David Cameron）首相和奥斯本财政大臣之间的关系。他们认为他们已经从托尼·布莱尔（Tony Blair）和戈登·布朗（Gordon Brown）之间经常令人不安的关系中吸取了教训。但卡梅伦和奥斯本之间的"良好"关系催生了骇人听闻的紧缩政策，导致欧盟做出公投的灾难性决定，这样的结果使英国后悔莫及。或许，首相和财政大臣之间某种创造性的紧张关系会对他们自己和国家有所帮助。

1945年至1951年，艾德礼（Attlee）连续执政，期间经历经济重建和配给制的实施。菲利普·弗伦奇（Philip French）和迈克尔·西森（Michael Sissons）的《紧缩时代》（*Age of Austerity*）一书的书名巧妙地概括了这一点。1951年至1964年的保守党政府解除配给，取消多种限制，英国人民生活水平普遍提高。因此，麦克米伦于1957年宣布，"我们大多数人的生活从来没有如此美好过。"

这句具有警告意义的话来自一位首相，他过去和现在都因为热衷于研究通货再膨胀和过度关注失业而广受批评——这源自两次世界大战期间他目睹失业对斯托克顿（Stockton）选区造成的社会影响所带来的恐惧。有趣的是，麦克米伦最为人所铭记的这句话却没有书面记载，当然，麦克米伦也没足够兴趣将其写进自己的日记。

无论是在国际经济政策协调和规则安排方面，还是在国内政策方面，重点都是经济增长，前提是这不会导致通货膨胀或国际收支（贸易数字）出现问题，通俗地讲，不会导致英国在世界上"按自己的方式支付"的能力出现问题。

英国经济政策制定者不得不接受战争的巨大支出，英国欠美国的贷款要一直偿还到21世纪，那也是英国的末日。英国为我们提供了"垄断市场"以及长达几个世纪的可靠的原材料来源，为战争做出了令人难忘的贡献。

尽管麦克米伦一时兴起说出了"我们大多数人的生活从来没有如此美好过"这句话，但随着20世纪50年代的过去，60年代的到来，英国的政策制定者把目光投向了英吉利海峡对岸，并开始羡慕那里取得的更高的经济增长率以及法国式的"指示性规划"（indicative planning）在政府管理方面取得的明显成效。这引起了两大党派主政的政府的兴趣。

尽管首相和财政大臣呈现给内阁其他成员的往往都是既成事实，但从理论上来讲，或者在某些重要的情形下，他们制定的政策也必须得到内阁的批准。（因此，在1976年与国际货币基金组织的谈判中，首相和财政大臣不得不和内阁其他成员一起与该组织达成正式协议。）

财政大臣的决策和政策建议是财政部或与经济有直接关系的政府部门以及英格兰银行职员们的智慧与才能的结晶。

不过，提供建议的主体多种多样：其中就包括各种压力集团，如英国工业联合会（CBI）和英国工会联盟（TUC）、行业协会和商会以及主要工业公司等，它们的负责人在宣传他们认为对其他行业有利的政策观点时表现得非常积极。还有伦敦金融城，它会就金融市场希望从经济政策中得到什么或者他们准备忍受什么，发表自己的看法。到目前为止，人们普遍接受的观点：正是金融行业——银行家们！——在政策制定的筹备阶段施加了太多的影响，导致了2007年至2009年的国际金融危机。

还有各个经济部门，它们是正式和非正式经济顾问的最终供应商——这些人构成了各种各样的智囊团，当然还有不计其数的评论员和媒体撰稿人。此外，我们决不能低估时尚的重要性，也不能低估广为流传的正统经济学观念——加尔布雷思的"传统智慧"。后来，最关键的转折出现了，这一传统智慧不断受到挑战：货币主义以及本作者所认为的20世纪70年代末和80年代的极端自由市场学说的兴起；货币主义之后相继大行其道的是欧洲汇率机制以及通货膨胀目标理论。

2007年至2009年由美国银行业引发国际金融危机，我们如今仍在承受其造成的后果——尤其是随之而来的紧缩时代。金融危机让那些自鸣得意的经济学家和政策制定者震惊不已。战胜通货膨胀被视为终极目标。

然后到来的是脱欧公投……

1967年：英镑贬值的前前后后

1967年英镑贬值之前发生了一系列事件，包括以莫德林为首的保守党执政时期出现的那场后来被称之为"莫德林繁荣"的经济"快速增长"（dash for growth），而其产生的后果只能由随后执政的英国工党来承担。人们普遍认为，这一事件产生的背景是欧洲主要经济体的增长速度超过了英国，而这也是推动英国加入欧洲经济共同体（the European Economic Community）的因素之一。快速增长旨在持久提升国家的生产效率。这意味着必须采取更为宽松的财政政策：更高的公共支出和更低的税收。1964年的英国经济因此出现了令人瞩目但相当不可持续的快速增长，增速接近6%。

而威尔逊政府面临的一个重大议题：是否应该像新首相的顾问们所敦促的那样，立即通过英镑贬值来应对国际收支平衡问题。1964年至1970年的威尔逊政府的宏观经济主题是首先采用一系列紧急替代方案延缓英镑贬值，然后再"让货币贬值发挥作用"。1967年11月，危机终于到来，而人们普遍记得的一句话却是"你口袋里的英镑还没有贬值"。

在为繁荣奠定基础的莫德林看来，英国财政部有一位他们喜欢和钦佩的财政大臣。道格拉斯·艾伦爵士（Sir Douglas Allen），后来的克罗厄姆勋爵（Lord Croham），于1962年至1964年在财政部与莫德林一起共事。他说："莫德林是一个赌徒——一个值得为之工作的好人。他敢于冒险，但运气欠佳。他选择了错误的时机让经济快速增长。"

艾伦爵士认为莫德林的常务次官威廉·阿姆斯特朗（William Armstrong）应该说服他在1964年的春夏更为谨慎一些。首席经济顾问亚历克·凯恩克罗斯爵士（Sir Alec Cairncross）指出：莫德林"冒着国际收支失衡的风险，希望经济增长取得突破，而我们对此几乎毫无信心"。

关于莫德林繁荣，具有讽刺意味的是，直到增长已经变得十分明显时，各方还都在批评他过于谨慎。当然，莫德林也的确以"磨蹭"著称。繁荣终于到来了，而英国国际收支问题也随之日益严重，因此，在1964年大选筹备工作中，威尔逊和其他一些人便借此对英国政府进行了猛烈抨击。当把唐宁街11号的钥匙交给新任财政大臣卡拉汉时，莫德林调侃说："我对这里账册的状况感到抱歉，老兄。"莫德林和卡拉汉关系不错，这句话直到他的回忆录面世之后方才进入公众的视野。这与几十年后工党财政第一副大臣利亚姆·伯恩（Liam Byrne）2010年和即将上任的戴维·劳斯（David Laws）的交接形成了鲜明对比。财政部的传统是离任的大臣们留下友好的、说明遗留资产状况的便条，但劳斯却无耻地公开了伯恩的笑话——"恐怕这里一分钱都没有了"，从而受到了前届政府和现任政府的猛烈抨击。留下轻松幽默的便条是财政部的一个传统，而劳斯对这一传统的戏谑让财政部的官员觉得一点都不好笑。

随后，莫德林指出威尔逊在竞选活动中夸大国际收支问题的规模，可谓是自找麻烦，引火烧身。

1964年10月工党上台时，经济繁荣已经接近尾声。莫德林是麦克米伦任命的一系列财政大臣中的最后一位，期望他能够刺激经济增长，降低失业率。如前文提到的那样，麦克米伦目睹两次世界大战期间斯托克顿选区的高失业率和社会困境，这曾使麦克米伦感到沮丧，对他一生都产生了巨大的影响。的确，无论是作为财政大臣（1955年12月至1957年1月）还是首相（1957年至1963年），麦克米伦多次提到斯托克顿，这在财政部官员中已经成了一个笑话。

如今，麦克米伦为人所铭记的是作为英国财政大臣时推出了溢价债券，作为首相时说出的那句"我们大多数人的生活从来没有如此美好过"。这句话并非麦克米伦的原创——事实上，这句话是由美国杜鲁门总统说的——但当时人们普遍认为这是麦克米伦的发明。另外，这句话其实是麦克米伦在谈及一起典型的报纸腐败案时说的。1957年7月在贝德福德举行的保守党集会上，麦克米伦发表讲话时说出了这么一句话，而这句话在其原始书面演讲稿中并不存在。

我怎么知道的？有一次，在当地的酒吧里，坐在我旁边的人认出了我，说他想就我在《观察家报》专栏中提到的麦克米伦的话做点补充。"我当时在大厅里，"他说，"而麦克米伦实际上是在回应一个质问者。"那时，专演古怪人物的性格演员彼得·塞勒斯（Peter Sellers）拍摄过一些非常有趣的电影，其中就包括对一个权威政治家演讲的精彩演绎。在一部影片中，有一个人打断演讲者并喊道："工人们怎么样？"对于这个问题，塞勒斯扮演的角色回答道："对，工人们怎么样呢，先生？"

不管怎么说，一位新闻线索提供者告诉我，麦克米伦的听众中有爱开玩笑人这样大声嚷嚷："工人们怎么样？"麦克米伦随即回答道："到全国去走一走，到工业城镇去走一走，到农场去走一走，你会看到有生以来从未见过的——在这个国家的历史上也从未出现过的——繁荣景象。事实上，坦率地讲，我们大多数人的生活从来没有如此美好过！"

具有讽刺意味的是，考虑到即将发生的事情，麦克米伦的要务之一就是对通货膨胀的危险发出警告——后来人们认为当时的通货膨胀其实处于非常低的水平。尽管如此，当年零售价格指数的年增长率一直在缓慢上升，从4月份的1.7%上升到5月份的2.1%，再到6月份的3.2%，实际上，到1957年麦克米伦在贝德福德发表那次讲话时，年增长率达到了4.5%。

很长一段时间里，两大政党执政的政府都试图通过"工资不增加""工资标准"以及其他形式的收入政策，极力抑制工会的工资要求。的确，制定收入政策成为经济学一个前景广阔的研究领域，催生了一批会在剑桥大学遇到的经济学教授和讲师。

作为首相，麦克米伦会在事后批评他的财政大臣们，偶尔也会解雇他们或迫使他们辞职——最典型的例子就是1958年1月财政大臣托内克罗夫特（Thorneycroft）和两位财政副大臣伊诺克·鲍威尔（Enoch Powell）和奈杰尔·伯奇（Nigel Birch）的辞职。当时，麦克米伦否决了他们的削减开支计划——出于对通货膨胀的担忧，他们提倡削减开支，而1956年12月的年通货膨胀率为4.6%。麦克米伦对此不屑一顾，称之为"局部的小困难"，并继续进行计划中的海外巡访。比起他的现代继任者，他的执政风格颇具个性。

关于莫德林，正如我们看到的那样，麦克米伦并不是一开始就发现他是一位远不及其前任谨慎的财政大臣。然而，等到莫德林实施一系列经济刺激计划，并于1963年出现"莫德林繁荣"时，麦克米伦已经因健康原因退休了。

2010年至2016年，奥斯本担任财政大臣期间实施财政紧缩政策时，政客、绝大多数经济分析师以及媒体对"赤字"颇为痴迷。这里所说的赤字指的是预算赤字。但是，20世纪60年代和70年代人们所迷恋的实物贸易和非商品贸易国际收支赤字，却很少有人提及——至少在英国脱欧威胁出现之前情形如此。

然而，20世纪60年代，预算赤字却几乎没有在公开出版物上出现过。人们迷恋的是国际收支赤字，在后来被称之为"莫德林繁荣"的经济快速增长的时期，国际收支赤字持续增加。

和许多经济学家一样，莫德林希望快速增长能够使英国经济进入一个良性循环。需求增加带来更多的投资，同时降低国际收支赤字。不幸的是，对保守党来说，情况恰恰相反。不断膨胀的国际收支赤字成了一桩大事件，被反对党领袖威尔逊用来小题大做，肆意攻击。

布赖恩·雷丁（Brian Reading）是保守党领袖爱德华·希思（Edward Heath）的经济顾问，他坚称，在1964年的竞选活动中，当工党认为他们可能会输掉大选时，才开始炒作只有8亿英镑的国际收支赤字话题。[有些人总是希望不必履行承诺，距离现在最近的一个例子即是卡梅伦政府对欧盟公投的承诺。至少他的一些顾问认为，如果2015年出现另一个联合政府，英国自由民主党（the Liberal Democrats）可能会妥妥地否决这一法案。]雷丁认为，也正是因为过分重视国际收支平衡问题，导致了威尔逊政府刚刚建立起来的信心彻底崩溃。

莫德林对即将上任的财政大臣卡拉汉的调侃可能花了很多年的时间才出现在公众的视野中，但国际收支状况却显而易见。因此，1964年10月，在威尔逊称之为"保守党统治的十三年虚度光阴"之后，工党才会重新执政，随之而来的还有诸多计划——包括工业现代化的"英国国家计划"，当然还有那句直面科学革命"白热化"（white heat）的战斗口号①——但他们马上要面对的却是国际收支危机。

---

① 20世纪60年代科学技术革命给英国带来很大变化，在新的形势下，工党领袖威尔逊在思想上试图将科学革命与工党党章规定的目标结合起来，认为工党可以将公有制和科学技术、专家治国相结合，充分利用科技的力量来振兴英国经济，并实现其理想。

英国工党为执政做了充分的准备,他们为财政部聘请了自己的首席经济顾问——英国国家经济和社会研究院的剑桥大学经济学家罗伯特·尼尔德(Robert Neild)。尼尔德坚信必须通过英镑贬值来解决国际收支危机,使英国的工业产品在国际市场上重新获得价格竞争优势。

然而,顾问们发现自己的建议并不受欢迎,付诸实施更是天方夜谭——尼尔德1964年至1967年的经历就是一个典型例子。从英国政府文件中我们可以清楚地看到,威尔逊是如何坚决反对货币贬值并从一开始就排除这种可能性的,而他的这一做法得到了新任财政大臣卡拉汉的支持。大臣们否决货币贬值的做法最终让尼尔德失去了耐心,他离开英国到瑞典斯德哥尔摩(Stockholm)投身核裁军或者说防核扩散事业。但是,在他辞职几个月之后,英国政府被迫采取货币贬值行动。

一个好人岂能被压制。几十年后,已经九十多岁的尼尔德仍在努力为政治团体献计献策,并为英国皇家经济学会(the Royal Economic Society)写了一篇有趣的文章,直言不讳地说,为了支撑体面的公共服务,英国需要大幅提高税率。

过往的十年可谓是一段先紧缩后刺激的"走走停停"(stop-go)的历史,英国步履蹒跚从一个国际收支危机到另一个国际收支危机。"走走停停"是当时的经济记者对英国政府实施的政策提出的批评。他们使用了各种各样的比喻:松刹车、踩刹车、踩油门等。按照当时的标准衡量,英国工党从前届政府那里继承下来的赤字数额巨大。不管怎样,1964年至

1970年的大部分时间里，威尔逊政府都在应对那些赤字和拒绝英镑贬值带来的后果。有意思的是，虽然近年来国际收支赤字受到的关注比过去少得多，但其在GDP中的占比相较于导致1967年货币贬值和1976年国际货币基金组织危机的臭名昭著的赤字在国内生产总值（GDP）中的占比要高得多。

拒绝货币贬值的势力十分强大，但主要来自内阁大臣。威尔逊曾是1949年英国贸易委员会（the Board of Trade）中一位年轻内阁大臣，当时，1英镑已从第二次世界大战前的1英镑兑换4美元贬值到1英镑兑换2.8美元，如今，被那件事弄得伤痕累累的他完全不能接受再次贬值的主意。财政大臣卡拉汉与他持有同样的观点。卡拉汉不是一位经济学家，但威尔逊是，不过是一位自以为傲的统计学家。在野时，威尔逊曾在牛津大学纳菲尔德学院举办过私人经济研讨会。执政时，强大的英国政府咨询机构为他提供服务。但是，被他招入财政部的"局外人"之一尼尔德却是货币贬值的坚定倡导者。英国政府经济服务部（the Government Economic Service）负责人凯恩克罗斯爵士不提倡货币贬值——至少在那个阶段是这样。

然而，自英镑十五年前（1949年）那次贬值以来，其固定汇率一直保持在1英镑兑换2.8美元，英镑承受的压力已经达到了极限，因此，新一届英国政府不得不对进口产品征收附加费，同时实行出口退税政策。这些都是临时措施，实际上是承认英镑的价值确实被高估了。英镑持续受到压力，引发了一个以微弱优势执政的政府的紧张。然而，在1966年3月的大选中，工党获得了将近100个席位。这意味着它在议会中的地位更为有利，但英镑高估的问题仍然存在。尝试稳定这一情势的下一个措施便是1966年7月出台的通货紧缩方案，人们一直把它记作"7月措施"——在很大程度上应该是"停"，而不是"走"。英镑或会进一步贬值的严峻局面迫使他们不得不采取工资冻结这一策略。

在国际收支危机的背景下，威尔逊猛烈抨击货币投机者，蔑称其为"苏黎世的侏儒"。但是，与外国银行家们一样，英国商人、银行家以及个人也可能会参与英镑投机。

关于货币投机问题，我有一个有趣的经历，就是接受英国广播公司广播4台（Radio 4）的《今日》节目著名主持人罗伯特·罗宾逊（Robert Robinson）的采访。在采访之前，他带我去喝咖啡，他说他对这个主题一无所知，问到我能不能给他提供一些背景资料。我答应了他的请求。当节目播出时，他一开始就说："现在，每个人都知道……"，他将我告诉他的话复述了一遍。他当时问了我一个非常困难的问题，这个问题与他之前预设的相去甚远，我只能勉强作答。

再次接受他的采访时，我做好了充分的准备。

"那么，这些投机者究竟是什么人？"他在广播里问道。

"他们是罗宾逊那样的人，"我回答说。

在国际收支危机期间，《金融时报》主编牛顿经常与威尔逊会面。多年后，牛顿举行了一次晚宴，他回忆说，他过去常常"在回家的路上顺便拜访唐宁街10号"。有一次，《金融时报》指数（《金融时报》100指数的前身）达到了一个新的峰值，两人用香槟庆祝了这一时刻。威尔逊对牛顿说，"如果有人知道一位首相在为《金融时报》指数干杯，那就麻烦了。"

可能是因为他们关系密切，可能是出于国家责任感，尽管布里坦和其他人认为货币贬值既是必要的，也是不可避免的，但牛顿拒绝在《金融时报》上呼吁货币贬值。我本人当时是《金融时报》的记者，而不是评论员。但是，我在一家报纸上发表文章，确实主张英镑贬值，顺便说一句，它属于工党右翼刊物。

此前，当我还在《每日邮报》工作的时候，我参加了一次该刊物举办的周末谈话，主讲人是托尼·克罗斯兰（Tony Crosland）。他曾在内阁任职，但并未担任财政大臣——他一直希望担任这一职务，而且认为自己颇具资格，但从未得偿所愿。多年来我一直崇拜他的作品，但不赞成他废除文法学校的主张。不过，后来那次与他的会面对我来说依然是一个重要时刻，而那次会面也让我明白了谨慎的重要性。当时，我身兼数职，其中一个就是为这家期刊撰写文章。听说他赞成货币贬值，所以我就抛出了贬值这个话题，希望开始一次予人有启迪的"非公开发表"的谈话。不幸的是，由于太过兴奋，我脱口而出我是为《每日邮报》工作的。

克罗斯兰立刻缄默不语，脸上流露出痛苦的表情。没错，是痛苦的表情。我的机会消失了，是我把它"搞"丢的。几年之后，康纳·克鲁斯·奥布莱恩（Conor Cruise O'Brien），时任《观察家报》主编，在一次晚餐时和我聊到人生中令人遗憾的时刻，他说："威廉，这件事和生活中其他事情一样，都是在艰难的人生中学到的。"

当然，我没有让克罗斯兰感到沮丧。我不会那么做，我也没有机会那么做。做贸易报道最古老的伎俩之一就是诱使公众人物"冲动"，再将"冲动"变成"故事"。有时，公众人物会心甘情愿落入圈套。有时，更令人不安的是，采访他们的记者会让他们感到沮丧，记者会背叛承诺，将原本答应作为"新闻背景"或者"非公开发表"的内容公之于众，而且还说出消息的来源。

我回到《金融时报》后不久，就接到了布里坦的电话，问我如果他建议我当经济记者，我是否会接受。布里坦的老朋友都称其为萨姆，他在《金融时报》担任经济编辑，重点负责一个每星期刊行一次的栏目的撰写工作。给我打电话时，他已经借调到新成立的英国经济事务署（Department of Economic Affairs，DEA）大约一年时间。此部门的设立意在制衡财政部，促进经济快速增长。麦克米伦政府曾设立英国国民经济发展局，受英国国家经济发展委员会管辖，以期提升经济发展动力。这样一来，英国政府官员、企业主和工会会员可以每月碰一次面，讨论由英国国家经济发展委员会编制的文件。但威尔逊和他的同事们希望政府内部有一个更为正式的机构，所以成立了经济事务署。该部门编制了一个国家计划，在我看来，他们做得比人们想象的要好。尽管如此，它也没有太多机会与财政部对抗，它的努力也因"不贬值"决定对政策的普遍影响而受挫。经济事务署存在的时间不长，大约十年时间，最终被其他部门吞并。

尽管布里坦对新闻总是有敏锐的洞察力，但他却想让别人来做这些日常的报道工作。奇怪的是，我还依然记得在接受自己梦寐以求的工作时我表现出的踌躇与犹豫。抑或因为我对经济的怀疑态度，抑或因为我纯粹的保守主义思想，抑或因为我真的很喜欢做一个普通的专题记者，我担心不知道哪一天当我走进办公室的时候，就被要求成为某个主题的速成专家。

我最初担任经济记者的日子相对平静，那是1967年的春天和夏天。事实上，8月份，经济领域依然少有波澜，所以我被指派负责报道来自马恩岛联合王国（United Kingdom of the Isle of Man）的分裂威胁。然而，表面之下，暗流涌动，困难不断累积。众所周知，当时最根本的问题就是英镑的价值被高估，这也是造成英国长期国际收支问题的主要原因。在那段时间里，我们不允许在《金融时报》上发表主张货币贬值的文章。我的一位同事，名叫安东尼·哈里斯（Anthony Harris），好心地给我介绍了一份兼职工作，让我和他轮流为《牛津邮报》（*Oxford Mail*）被称为"算盘"的专栏撰写匿名文章。这样一来，虽然不能为《金融时报》写作有关货币贬值的文章，但我还是可以在这里用笔名发表自己的观点。这是一个有趣的操作，我和安东尼·哈里斯交替写作，但我从来没有看过他的文章，尽管如此，也没有读者反映该栏目文章存在风格不统一的问题。

1967年秋天，随着英镑的贬值，一切都变得一团糟。这是一个漫长的过程，是对在莫德林任财政大臣期间经济快速发展带来的不可避免后果的一个姗姗来迟的承认。这次经济增长试验是多种因素共同作用的结果。当时，人们对相较于欧洲大陆，英国的经济表现欠佳感到不满。麦克米伦担任首相时强烈认为财政部权力过大，并且实施不必要的通货紧缩政策，抑制了经济的发展。在当时颇具影响力的经济评论员们的鼓噪下，人们认为"走走停停"政策严重破坏了行业的投资计划。这些"停止"措施——增税、信贷控制、银行利率紧急上调——是由国际收支危机引发的。这些危机包括发生在彼得·索尼克罗夫特（Peter Thorneycroft）任财政大臣的1957年1月至1958年1月和塞尔温·劳埃德（Selwyn Lloyd）任财政大臣的1960年7月至1962年7月的国际收支危机。

威尔逊说的那句"你口袋里的英镑还没有贬值"成为人们对1967年英镑贬值的永恒记忆之一。这让我想起了财政大臣卡拉汉举行的一次记者招待会，会上他宣布政府将在适当的时候将货币改为十进制——这个东西至今已经实行很多年了，我们现在都已经习惯了。十进制是在20世纪60年代宣布的，但在70年代才开始施行，因为这显然需要详尽而周密的计划。（与此同时，强硬的脱欧派人士称，英国将在几年内实行脱欧。）对年轻一代来说，这似乎不可思议，但在十进制之前，我们生活在一个"英镑，先令和便士"的世界里，1英镑等于240便士。而且，旧硬币很重，放在口袋里沉得让人难受。在记者招待会上，我问卡拉汉他们是否能对口袋里硬币的重量做些什么。他回答道："如果你对此有强烈的感觉的话，为什么不效仿我，让你的裁缝给你缝一个结实一点的口袋呢？"

1967年11月，威尔逊首相试图减轻他一直反对的货币贬值带来的打击。他使用了一个朴素的比喻，但当他说的其他的话都被遗忘时，这个比喻却被人们牢牢记住。如今，人们都用"口袋里的英镑"来指代威尔逊。它是在英镑贬值当晚发布的广播声明中出现的，意在让英国民众放心。但对普通英国民众来说，这一点有着完全相反的效果——并由此对威尔逊本人和他的政府声誉产生了影响。

这份声明是由英国财政部官员设计的，旨在向公众表明，尽管英镑对美元贬值了14.3%——美元是大多数其他国家用来对本国货币进行估值的货币——但对英国公众的影响将远小于14%。关键是购买进口产品只占大多数人支出的一小部分，平均而言，对英国人实际购物成本的影响更像是3%至4%。

威尔逊在向英国人民广播时说："贬值并不意味着英镑在英国消费者手中的价值，或者说在英国家庭主妇手中的价值，会相应减少，也不意味着我们口袋里的英镑现在的价值比过去少了14%。"威尔逊将官员们起草的文稿中的短语"我们口袋里的钱"改成了"口袋里的英镑"。

这一点可能是有意为之，但结果却很糟糕。我个人认为威尔逊不仅是一位超凡的政客，而且还应该是一位政治家。比如，尽管美国政府施加了巨大压力，但他仍拒绝向越南派遣军队。在创建开放大学方面，他为英国做出了巨大的贡献。然而，他的声望不断下滑，他被《私家侦探》戏称为哈罗德·"维斯隆"（Harold 'Wislon'），而且一直被人沿用。在此之前，漫画家维姬（维克多·韦兹）也曾给麦克米伦取了一个外号叫"超级麦"（Supermac）。她的本意是想讽刺麦克米伦，但事实证明效果却截然相反，麦克米伦的声望不降反升。相比之下，把威尔逊戏称为"维斯隆"却没有产生这样的效果。

创造了"口袋里的英镑或钱"这个短语的官员们当时非常自豪，但使用这个短语却引发了严重的问题。这个说法过头了，无论如何，不管是口袋里的英镑还是口袋里的钱，它们都已经贬值，尽管还没有达到14%的程度。但这不是那些官员们的错。几年后，与此事密切相关的一个官员告诉我，威尔逊过分强调这个短语的前半部分，导致后半部分的附文没有被人们记住。

就威尔逊个人而言，抓住机会设法减轻打击造成的伤害是非常自然的事情。坦率地说，最终到来的英镑贬值对他来说是一个沉重的打击。多年来，英国工党一直害怕被民众称为"贬值党"，正如2007年国际金融危机爆发后，英国工党被指责为国有化政党一样，戈登·布朗深受其扰，迟迟不愿接受官员们提出的将北岩银行国有化的建议。

作为贸易委员会主席，威尔逊摒弃了战争时期所采取的控制措施。与大多数经济学家不同，他更倾向于对供给侧进行调控，比如通过进口管制而不是利用价格机制调整汇率来解决贸易逆差。此外，1931年8月，英国决定放弃金本位制，英镑开始贬值。当时执政的是英国国民政府①，该政府的首相和财政大臣由工党政治家拉姆齐·麦克唐纳（Ramsay MacDonald）和菲利普·斯诺登（Philip Snowden）担任。这段记忆是人们将工党蔑称为贬值党的另一个原因。

关于英镑贬值，威尔逊除了个人对其厌恶之外，还有对当时国际形势的深入考量。早些时候，在伦敦市政厅（the Guildhall）的一次演讲中，他坚称对英镑贬值的抵制是对英联邦的忠诚，许多成员国在伦敦的银行里存有资产。

尽管1964年的英国财政部和唐宁街10号的大多数经济顾问都赞成英镑贬值，但来自牛津大学贝利奥尔学院的托马斯·巴洛格（Thomas Balogh）更倾向于使用进口管制措施，而从1964年起担任政府经济服务部负责人的凯恩克罗斯爵士也对工党上台后不久便提议英镑贬值表示反对。然而，威尔逊对英镑贬值的反对十分强烈，以至于所有关于这个话题的讨论都被禁止，相关的文件也要求被销毁。

然而，正如威尔逊的传记作者本·皮姆洛特（Ben Pimlott）指出的那样，威尔逊为其反对英镑贬值的立场付出了代价，那就是在道义上支持美国的外交政策，尤其是在越南

---

① 英国国民政府，在英国政治层面上可泛指由部分或所有主要党派合组的联合政府，但历史上主要指由拉姆齐·麦克唐纳、斯坦利·鲍德温和内维尔·张伯伦在1931年至1940年筹组的联合政府，唯联合政府时期完全由保守党领导，而保守党当时在议会取得绝对多数的议席（615席中的554席）。

战争问题上,因为保持英镑坚挺需要美国对外汇市场的干预。此外,美国官员担心英镑贬值可能会对其他地方造成不良影响。十年之后这种情况果然出现了,当越南战争沉重的负担给美元带来压力时,美联储便开始放水,布雷顿森林体系随即土崩瓦解(参见后文"1992年:'黑色星期三'")。

然而,尽管英国对美国外交政策的支持在国内极不受欢迎,在伦敦街头引发了多次反战示威,但威尔逊确实因为拒绝美国要求他向越南派遣英军的做法而被载入史册。多年之后,当时的国防大臣希利对我说,在这件事上他是威尔逊坚定的支持者,并坚称英国给予美国的只是口头上的支持。

1964年11月,大选后不久,英国民众对于英镑是否贬值有着诸多恐慌,其中就包括对暂停实施"不贬值"政策的担忧。当时,经济顾问尼尔德和唐纳德·麦克道格尔爵士(Sir Donald MacDougall)被要求研判英镑贬值或浮动汇率给英国带来的相对利好。麦克道格尔是货币贬值的强烈支持者,后来在其回忆录中,他挖苦道,英镑刚刚被一笔30亿美元的巨额借款(暂时)"拯救"了,这笔借款是由英格兰银行行长克罗默勋爵通过给世界各地央行的同事打电话筹募而来的。尼尔德将这一幕称作"慕尼黑金融协定"(financial Munich)。从那时起,正如麦克道格尔说的那样,直到1967年11月那致命的一天为止,谈论货币贬值一直都是一个禁忌。

然而,一本"英镑贬值应急手册"(devaluation war book)却被公务员们悄悄隐藏起来,锁在一个保险柜里,以备未来之需。这本手册对如何恰当地进行货币调整以及如何恰当地发布公告提出了建议。1967年11月，首相府"不巧"把装有该手册的保险柜上的密码锁的密码遗失了。财政部惊慌失措地给彼得·杰伊（Peter Jay）打电话，当时杰伊是威尔逊首相的私人秘书，后来任职《泰晤士报》的经济编辑。幸运的是，杰伊记得那个密码，密码就是英镑1949年贬值的日期，但需要将该日期倒过来写。

杰伊做了一件值得称道的事：他把密码告诉了财政部，但也没有让政府和他的前同事感到难堪。他没有揭露所发生的事情，也不曾因此在新闻界获益。我第一次亲耳听到这个插曲，还是在多年之后举行的一次关于1967年货币贬值的学术研讨会上，在那次研讨会上杰伊讲述了这个故事。他也没有让他的岳父卡拉汉难堪。从1961年起，他就与卡拉汉的女儿玛格丽特结了婚——当然，工党那时还是反对党。

至于卡拉汉本人，作为财政大臣，曾多次身陷可以被合理描述为财政大臣的"可原谅的谎言"中。因为卡拉汉一直企图打消任何货币贬值的意图，所以当贬值最终到来时，他别无选择只能被迫辞职。事实上，几个月前，他曾向内阁同事承诺，如果他的英镑防御战最终失败的话，他将会引咎辞职。

卡拉汉在其回忆录中透露，他之所以接受游戏结束了这一结果，其中一个重大影响因素就是11月2日来自凯恩克罗斯爵士的一份私人备忘录。备忘录上凯恩克罗斯爵士坦言，就连他自己也成了"货币贬值的信奉者"。卡拉汉是这样描述的，"他继续说道,一开始,世界舆论会谴责英镑贬值,但慢慢就会理解,因为人们知道英国为避免英镑贬值付出了多大的努力。"

1967年11月英镑贬值之前发生了许多恐怖的故事,出现许多令人紧张的时刻。在《金融时报》工作,我们必须全面了解并掌握相关信息。主编牛顿已经做出了决定,不能通过倡议英镑贬值扰乱时局。但是,假如我们突然就对英镑贬值进行报道,也可能会给自身带来麻烦,受到人们的谴责。实际上,主编牛顿非常地谨慎,他采取了一种策略,即"如果有疑问,那就写点专题文章,报道一下飞机行业"。面对此番情景,我的岳父有一天打电话给我,怒气冲冲地问道,"《金融时报》变成《飞机时报》了吗?"主编牛顿的方法是对舰队街的传统建议"有疑问,就别写"的一种变通。

金融危机可能是对记者与其联系人之间关系的一大考验。1967年危机之前,有多家新闻机构报道,英国正在通过位于瑞士巴塞尔的国际清算银行的中央银行网络安排一笔大额贷款。事实上,他们是在造谣,而不是在做客观的新闻报道。但是一天晚上10点左右,新闻部给我打电话,让我写一篇有关此事件的报道。我当然不想冒这个险。我在《金融时报》刚开始撰写专题文章时,主编牛顿就会冲进我们的办公室,大喊大叫:"基根,你犯了个错误!"还没等我羞愧地道歉,他就接着说道:"好了,够了。我不喜欢错误。别再这样了!"

在那个充斥着来自巴塞尔的谣言的晚上,我打电话给英格兰银行的一位消息灵通人士。他一开始对我的问题做了非常谨慎的回答，但经过几分钟的口头交锋之后，我问了这样一个问题："如果我写这个故事的话，我会身败名裂吗？"让我感到释然的是，他说不会。这意味着我很开心，报纸很开心，而这位新闻线索提供人也不会被判直接"泄密"罪。我承认，这是我在未来的岁月里不得不时常采用的一种方法。

11月18日星期六英镑的贬值，从1英镑兑换2.8美元贬值至兑换2.4美元，是在威尔逊为完成麦克米伦在1963年未能完成的任务而付出最大的努力时到来的，这个任务就是消除法国戴高乐总统（President de Gaulle）对我们申请加入欧洲经济共同体的抵制。在给乔治·布朗（George Brown）的一封信中——乔治·布朗已经从经济事务署调至外交部——威尔逊写道，货币贬值对申请加入欧洲经济共同体"应该有帮助"。

关键是在英格兰银行抵御英镑投机势力的最后几个星期时间里，英国政府也在疯狂地试图瓦解法国政府的抵制势力。法国之所以反对，理由之一就是他们认为英镑很脆弱。事实上，人们有这样一种感觉，就是法国人正在试图让英镑变得更脆弱。我记得当时我和《金融时报》的同事们都在热切等待《世界报》（Le Monde）记者保罗·法布拉（Paul Fabra）的每一篇报道和评论。财政部和英格兰银行也在细细斟酌法布拉的每一句话。出于某种原因，我们认为法布拉是一位具有成熟经验和判断力的评论员。当我最终在采访某个欧洲会议遇见他时，我感觉，很明显，当年他一定很年轻。他很有魅力，在此后多次国际会议采访活动中，我经常跟他核对笔记。与其说他是听命于法国政府,倒不如说法国政府把他选为公开他们对英镑的每一个想法的非正式代言人。

关于货币贬值导致英国议价地位的改善,以及法国的一项反对意见因此遭到失败,威尔逊实事求是地说:"我怀疑这是否会对戴高乐总统的长期策略造成任何的影响"——说得直白一点,所谓戴高乐总统的长期策略就是要把英国挡在欧洲经济共同体之外。

戴高乐一直因为英国与美国的关系而对英国的信誉持怀疑态度。戴高乐担心,这将从根本上改变欧洲经济共同体的性质,而这个共同体在很大程度上是法国创造的。

事实证明了这一点。斯蒂芬·沃尔爵士(Sir Stephen Wall)是位历史学家,对我们加入欧洲经济共同体的各种努力了如指掌。用他的话来说,英镑贬值九天之后,"戴高乐于11月27日断然轻蔑地驳回了英国的申请"。

对于卡拉汉来说,其政策的失败和威尔逊的一样多,事实上,比威尔逊的还多,但却完全不存在从内阁辞职的问题。他只是和詹金斯调换了一下工作,詹金斯却因此从一位历史上公认的最成功的内政大臣变成了一个颇具争议的财政大臣。詹金斯在财政领域的工作,用当时流行的话来说,就是"让货币贬值起来"。

在《金融时报》,从1967年11月到1970年大选时,布里坦和我几乎同新任财政大臣詹金斯一样,痴迷于"让货币贬值起来"这一目标。我记得,布里坦几乎把它当成了自己的使命。

在此事已成既成事实之后，他立即宣布，目标已经实现，他可以把注意力从宏观经济政策转到其他更为有趣的问题上了。有一次，他兴奋地走进办公室大声宣布："我突然发现树非常地美丽。"然而，事实证明，货币贬值的后遗症让我们忧心忡忡，而几十年来，宏观经济政策也一直困扰着英国政策制定者和我们这些做相关报道的记者。

我意识到现在大多数人似乎都认为互联网上什么都有。像我这样喜欢打印件和剪报的人被人们视为僵化过时的人。但是当我们回顾20世纪60年代的时候，我对当时《金融时报》保存大量日常报道剪贴簿的做法感激不尽。我本人也是一个收藏者，我在斯诺多尼亚居所的书房里保存着1967年至1970年的剪报。浏览当时的报道给我带来了无限的启示。人们还清晰地记得，詹金斯的谨慎政策终于在20世纪70年代初得到了回报，但从工党的角度来看，所有的努力都被大选前一组怪异的贸易数据毁掉了，小报上也因此出现了诸如"英国重返赤字"的头条新闻。当然，我也写了很多很多关于贸易数据不断出现问题的报道，而且多数都出现在报纸的头版位置——可谓"光芒四射"。这些报道包括了一组又一组令人尴尬的贸易数据和效果不如预期的抑制消费支出的措施。财政大臣和英格兰银行行长莱斯利·奥布莱恩爵士（Sir Leslie O'Brien）不得不经常对金融中心的——应该是全英国的——银行家们进行说教，希望他们控制对通常被经济学家称为"消费者"的个人提供贷款。

然而,"重返赤字"的故事并非全是虚构。英国贸易状况不断恶化,最终导致1976年的英镑危机。

1964年至1967年国际收支数字的糟糕趋势,以及对1968年以后英镑贬值的可怕预测,是政客们争论的焦点,对仍在努力抵制英镑贬值的首相威尔逊来说更是如此。终于,外汇市场对英镑的压力变得势不可挡,无论从其他央行借款多少,都无法避免灾难的到来。

保罗·富特(Paul Foot)在其《哈罗德·威尔逊的政治》(*The Politics of Harold Wilson*)一书中强调,国际收支状况不佳以及英镑明显的脆弱性,是法国否决英国第二次加入欧洲经济共同体申请的完美借口。法国人执着地想通过英镑对美元造成损害,所以他们坚持认为,如果英镑不大幅贬值,并紧接着采取严厉的通货紧缩措施的话,那么英国就不可能加入欧洲经济共同体。

策略就是通过降低出口价格和提高进口价格来恢复工业产品的价格竞争力。对那些购买英镑的人来说,14.3%的贬值意味着英镑便宜了14.3%。从算术上来讲,这意味着购买外国货币将使英国买家比以前多付出17%。

此外,人们所期望的英镑贬值的有益效果在这个体系中发挥作用是需要时间的。进口价格的上涨和出口价格的下降必然会使贸易和国际收支赤字在好转之前更加恶化。当时,人们希望能够运用价格机制和对赢利能力的影响,增加出口,减少进口。

还有很多紧张的时刻。该政策的实质是将资源向出口转移（或者叫"减少进口"）。在一个接近充分就业的经济体中，这就要求限制国内公共和私人支出。这种紧迫感通过限制预算和严格控制分期付款协议传达给英国公众。这些操作如今看起来可能非常奇怪。"分期付款"这个短语的意思是不要等到攒够了钱再买一辆车或后来被称之为"耐用消费品"（冰箱、洗衣机等）的东西。人们可以先享用或租用这些东西，直到他们付清了货款，这些东西就完全属于他们了。阳光下没有什么新鲜事：近年来，这一概念似乎又在各种复杂的汽车租赁交易中获得了重生。

1966年7月英国政府推出了一系列措施，分期付款是其中的一项，目的也是规避货币贬值。最初，人们在进行分期付款交易时被要求支付40%的定金，不久之后这一比例降至33.3%。但财政部指出，1967年下半年到1968年，消费者的支出没有下降，这种发展或者说欠发展与更加重视出口和对未来出口能力的投资不太相符。我从档案中看到，1968年11月初，我在《金融时报》上做了这样的报道：分期付款交易的首付比例从33.3%提高到40%——事实上，我早已把这件事忘得一干二净。

那个月晚些时候，我对银行冻结个人贷款进行了报道。英国政府的愿望是通过实施这样的措施，银行就可以为出口商提供更多的贷款——银行并不高兴这样做，因为这样做会恶化它们与客户之间的关系。

绝大多数上了年纪的英国人以及那个时代的学生，都知道十年后的1976年英国工党求助国际货币基金组织时遭遇的尴尬。但是，1967年至1970年另一个基本上被遗忘的重要事件，是我们在多大程度上被国际货币基金组织控制。1969年4月2日，我在《金融时报》进行了清晰的报道：英国政府1965年从国际货币基金组织所借的贷款中还有10亿美元没有偿还。与此同时，英国政府正在与国际货币基金组织就新的贷款"备用安排"进行谈判，而国际货币基金组织坚持限制所谓的国内信贷扩张。

1976年，国际货币基金组织开始支持英国公共部门的借贷。但1967年至1970年，对英国国内信贷扩张的评估却是其提供贷款的原则性依据。这是一个宽泛的概念，涵盖了货币存量的变化和国际收支赤字。由于英国政策制定者不遗余力地要"让货币贬值起来"，因此，他们必须对国际货币基金组织的国内信贷扩张目标表现出兴趣——国内信贷扩张是一个以凯恩斯主义为主导的经济服务体系几乎不予关注的概念。

最终，财政大臣詹金斯谨慎预算的结果是1969年和1970年罕见的预算盈余。1970年1月（选举年），詹金斯宣布"这不是一个挥霍成就的年份"——国际收支状况不断改善，预算盈余近在眼前——但我们不能对此期望过高。

如其所言，在4月份的预算案中他提出了一项被称为"适度刺激"的小规模减税政策，但他的同事认为这项政策太过温和，长期以来这些人一直倾向将工党6月份的选举失败归咎于他。

民间传说，对政府来说不幸的是，本来从根本上改善的贸易平衡，却因5月份进口了两架大型喷气式飞机而重返赤字，导致"英国重返赤字"再次见诸报端。詹金斯在回忆录中承认，当威尔逊向他询问选举时机的问题时，他忽视了自己得力助手约翰·哈里斯（John Harris）的建议，那就是的确可能会出现一组奇怪的数字。

但不幸的是，作为提高英国国际竞争力必要条件的货币贬值所产生的有利影响被逐渐削弱。作为对似乎使货币贬值取得成功的收入紧缩政策的回应，激进的工会组织提出大幅提高工资的要求，通货膨胀的趋势因此再次出现。这给谋求连任的工党政府带来了困扰，也最终导致以希思为首相的新保守党政府垮台。

综前所述，人们得出这样的结论："英国重返赤字"的头条新闻的确有些夸张，而且毫无疑问对威尔逊预期获胜的大选结果造成了影响，但是，1967年英镑贬值后的国际收支状况并未得到持续改善，导致1973年至1974年英国政府被迫施行三天工作制和1976年的向国际货币基金组织借款危机。

1973年：石油危机和三天工作制

如今，人们刻板地认为，记者每天的工作不是伏案疾书，就是趴在电脑前上网。但是，在20世纪70年代，报社却鼓励则我们多出去走走，因此，与名人和精英共进午餐成为记者一项重要的工作内容。

然而，因为每天都要面对经济数据，所以我开始觉得我的生活需要有一个反差。我慢慢养成了在午餐时从《金融时报》消失的习惯，开车回到不远处位于伊斯灵顿的家中匆匆吃顿午饭，然后花大约半个小时在书房里写我希望能够成为畅销书的喜剧小说。那时，英国没有交通拥堵费，在办公室附近停车又便宜又方便。午餐时间车辆稀少，十分钟之内我便可以开车到家，然后下午3点之前再回到办公室。现在看来，那时的生活是多么地轻松惬意呀！当时在《金融时报》上班的人11点才会在报社露面，而开完编辑会议之后又可溜之大吉，此外，我本人也很少会工作到晚上7点以后。

我在《金融时报》工作初期，主编牛顿更看重报道的准确性而不是独家新闻。1967年，《泰晤士报》开设"商业新闻"栏目，但由于过度追求独家新闻，导致其自身信誉受损。不久之后，休·斯蒂芬森（Hugh Stephenson）担任《泰晤士报》主编，其任务就是"给它降温"，重建部门声誉。然而，报纸一旦犯错就会声名狼藉，而恢复名声需要很长时间。20世纪60年代早期《卫报》频频出现印刷错误，《私家侦探》便发明了"围报"一词（*The Grauniad*），戏谑讽刺《卫报》（*The Guardian*）经常出现的、甚至连自己报刊的名称都会搞错的拼写错误。

唉，我借回家吃午餐的时间写小说的事情被发现了，主编和一位名叫乔·罗格利（Joe Rogaly）的主编助理把我叫到一旁跟我说，经济记者需要多出去走走，搞一些独家新闻。这时的主编是新任职的弗雷迪·费舍尔（Fredy Fisher），他碰巧对经济新闻兴趣浓厚，而其本人也与英国达官豪富关系密切。

　　罗格利被指派手把手教我如何开展工作。1973年5月的一个星期五，他们安排了一次午餐，地点选在斯隆广场（Sloane Square）附近的一家装修简约的酒店，与财政部首席秘书帕特里克·詹金（Patrick Jenkin）会面。当时是初夏，正值以财政大臣安东尼·巴伯（Anthony Barber）命名的"巴伯繁荣"的高点。其实，这个"繁荣"更应被称为"希思繁荣"，因为在寡言无礼、直言不讳的希思面前，作为财政大臣的老好人巴伯显得较为弱势。威廉·阿姆斯特朗爵士在任时，首相希思更为强势。威廉·阿姆斯特朗曾是财政部级别最高的公务员，后任公务员制度的负责人（也非正式地被称为副首相）。但是，正如我们后来看到的那样，希思、威廉·阿姆斯特朗和英国政府三者之间的关系最终以悲剧结束。不过，这一切发生在八个月之后，那时已经开始施行三天工作制。我在这里提到的这段插曲发生在繁荣的顶峰时期，希思对英国经济持续改善的梦想尚未因英国政府对矿工纠纷的不当处理而破灭。

　　1973年5月的一个星期五，在午餐期间，詹金告诉我们，尽管人们对经济繁荣的可持续性存有疑虑——一段时间以来的目标是实现5%的实际增长，远高于经济的长期潜力——但增长政策将保持不变。

　　在回办公室的路上，被费舍尔任命为我的导师的罗格利兴奋地宣布，"这可以成为星期一报纸上的亮点。"那时，将近一半星期一出版的报纸在星期五筹划版面，他们需要寻找新闻来填充报纸的各个板块。

我抗议说，我认为政策"没有改变"不是一个故事，而他认为，考虑到对这一政策不可持续性的猜测，"不改变"就是一个故事。另外，我之所以怀有疑虑，是因为我几乎不认识詹金，不知道他可不可靠。唉，我被逼无奈要把这个故事写成头版头条新闻——惊讶，惊讶——财政部星期一竟然宣布了一揽子公共开支削减计划。我很喜欢罗格利，也很欣赏他的新闻从业态度。那顿午餐应该是一个重要而艰难的学习时刻，同时也是他作为我导师角色的终结时刻。当财政部首席秘书詹金亲自打电话给我，就其误导性言论向我道歉时，我努力克制住自己的情绪——我只能这样做，别无选择。

谈到首相和财政大臣之间的关系以及权力平衡，财政大臣巴伯的经历便是一完美的例子。巴伯成为财政大臣纯属偶然，因为前任财政大臣伊恩·麦克劳德（Iain Macleod）突然意外身亡让巴伯获得了这个机会。

尽管身高不及中等，但无论是智力还是容貌，麦克劳德都令人印象深刻。他脊柱不适，经常疼痛难忍，但给人留下的印象却是他体魄强健。有一次，他来《金融时报》吃午餐并与我们交流，我们发现他能够主导谈话，但不独霸谈话。

我们都认为他会是一位杰出的财政大臣，敢于表达不同意见。毕竟，他在几年前辞职时采取了可谓勇敢的做法，呼吁选举过程更加民主,这与保守党选择领导人的传统方式截然不同,所谓传统方式就是亚历克·道格拉斯-霍姆(Alec Douglas-Home)借此晋升的"典型协商程序"。随后的改革帮助来自文法学校的男孩希思当选为保守党领袖。希思曾是首席督导,在麦克米伦早期加入欧洲经济共同体的努力中,曾多次参与废除维持零售价格机制以及最终失败的贸易谈判。《私家侦探》因其参与废除零售价格管制而称其为"杂货商希思"。年轻读者可能会对"维持零售价格"这句话感到惊讶,但那时,英国许多地区和商店的物价长期受到严格的管控,几乎不存在竞争。在战后的几年里,保守党对推行自由市场原则越来越有信心,废除维持零售价格机制自然成为首要目标。在当时,废除维持零售价格机制也的确是大多数经济学课程研讨的主题。

希思任命麦克劳德为财政大臣。唉,他的大臣任期仅持续了四个星期,而其中一部分时间还是在医院里度过的。麦克劳德传记的作者罗伯特·谢泼德(Robert Shepherd)这样写道,在做过普通阑尾炎手术之后,麦克劳德回到唐宁街11号时心脏病发作。他的离世出人意料,令人震惊。

巴伯是希思首相任期结束之前的最后一位财政大臣。此时是第二次世界大战后劳资关系最糟糕、经济危机最严重的时期。经济危机由1973年秋季油价翻两番引发。当时,英国政府还出台了许多极其不合时宜的政策,其中让人记忆犹新的一项政策出台于石油危机前夕,那就是工资增长以零售价格指数为参照。

后来，油价再次上涨。自第二次世界大战以来石油价格一直非常低，但此时它却在短期之内翻了五倍。尽管石油公司经常出现在新闻中，但石油价格却很少见诸报端，除非年度预算中石油税提高了，否则读者们是看不到"石油价格"这四个字的。约翰·卢埃林（John Llewellyn）当时是经济合作与发展组织（OECD）的经济学家之一，我记得他参与了该组织颇具影响力的"经济展望"的筹备工作，他说："几十年来，我们一直理所当然地认为石油是廉价的。"石油价格几乎不是一个影响宏观经济政策的因素。

正是因为一直以来石油价格如此之低，所以历任财政大臣才会把加油站的汽油视为一头随时可以加税的奶牛。至于五倍于之前的"牌价"，正如他们所说，只是"不同寻常"而已。

两个因素导致本次油价的大幅上涨。第一个因素是1971年至1973年布雷顿森林体系崩溃导致的美元贬值。石油生产商注意到，以美元（现在也是如此）计价的石油价格对他们的收入产生了影响。但第二个因素——真正的影响力量——是1973年10月6日至24日阿拉伯国家与以色列之间爆发的赎罪日战争（the Yom Kippur War）。

沙特国王呼吁阿拉伯国家团结一致，对石油进口国实施石油禁运。因为沙特阿拉伯是世界上最大的石油出口国，所以情况因此变得十分严重。这场战争迫使中东阿拉伯产油国突然使用"石油武器"来对付以色列及其盟友，而其他石油出口国也迅速效仿，欧佩克（石油输出国组织，OPEC，the

Organization of the Petroleum Exporting Countries）从此崛起成为一股重要的经济和政治力量。

伊朗也采取了行动，石油短缺的局面进一步恶化。现时价格市场被称为"现货"市场，用技术术语来讲，被所有石油公司作为价格依据的相关价格称作"牌价"。这听起来很疯狂，但因为"牌价"计算起来十分复杂，所以当伊朗人提高石油价格时，尽管官方公布的价格只上涨了20%，但实际价格却翻了一番。

阿德里安·汉密尔顿（Adrian Hamilton）是我们报社负责能源报道的记者，是一位石油行业的专家，对石油公司和中东都非常了解。他似乎是唯一一位熟悉这种深奥的石油牌价计算方法的英国记者。他说20%的涨幅确实意味着实际价格翻了一倍。他就此写了一篇文章，但英国广播公司和其他报纸却都报道石油价格只涨了20%。唐宁街10号对外发布消息时采用的也是这个版本。不幸的是，翻番的石油价格甚至会在下一轮物价上涨之前，将英国政府的经济政策冲击得千疮百孔。这种拖延战术不会给英国政府带来任何好处。对于英国政府来说，明智的做法可能是尽早为石油危机即将对他们的经济战略造成的损害寻找借口。然而，他们的决定却是不立即承认石油危机带来的全面影响。

即使是最权威的报纸也会有滑稽可笑的地方——那就是令人惊讶地缺乏自信，愿意相信真相就在别处。当《金融时报》主编费舍尔注意到本报记者的版本和其他人的版本存在差异时，他召见了汉密尔顿，并告诉他第二天打印一份道歉信。但是，汉密尔顿坚持自己的立场，拒绝道歉。在后来的一次编辑会上，费舍尔说汉密尔顿之前已经告诉他石油价格会翻两倍这件事情，还说汉密尔顿跟他说"他会是正确的"，而这个问题只能等到预算日（Budget Day）才能够予以解决。

我重提此事不仅仅是因为汉密尔顿是我的一位亲密同事和朋友，而且还因为我相信这段插曲显示了专业记者对于报纸的价值，他们在自己擅长的报道领域里培养了重要的人脉，但却不被他们的新闻线索提供者所"操控"。汉密尔顿在石油行业有很好的人脉，并受到他们的尊敬。对于非专业人士来讲，比如当时议会游说团的成员等，他们未能洞悉事件的本质是可以原谅的。他们信息的来源只能是官方的"简报"，正是基于这个原因，我拒绝了让我转为议会游说记者的建议。

当然，那些建议将工资奖励与物价挂钩来安抚工会的政策制定者没有意识到，他们正处于一个价格——工资——价格螺旋式上升的边缘，而这一趋势是由一个旷日持久的通货膨胀过程引发的，在这个过程中，能源价格的上涨会慢慢渗透整个经济体系，导致许多与燃料价格密切相关的商品和服务价格的升高。不过，出台这项政策的初衷应该是好的。

对于计划振兴英国经济、持续提高增长率的希思来说，这种通货膨胀过程不是什么好消息。欧佩克集团上调油价提高了所有能源生产商的议价能力，对矿工们来说更是如此。这是麦克米伦"大事件，亲爱的孩子，大事件"的经典案例。

如前所述，貌似聪明的用来驯服工会的手段被称为"门槛协议"（the threshold agreement）。当按照生活成本指数（或被称为零售价格指数，该指数还涵盖了许多并非在零售店购买的服务）来衡量，价格达到了某个"门槛"时，工资上调机制就会被触发。我清楚地记得，1973年晚些时候，就在石油危机之前，在解释政策的新闻发布会之后，威廉·阿姆斯特朗爵士过来找我，要和我私下聊几句。他似乎对这项政策非常满意，很高兴地向我指出，7%的门槛相当高，可能永远也触及不到。当然，来自欧佩克的炮弹很快就会摧毁这项政策，最终也会摧毁希思政府。通货膨胀率不断上升，1975年8月达到26.9%的峰值。到那时，威尔逊已经当了十八个月的首相，正设法应付希思留给他的可怕遗产。

问问那些生活在20世纪70年代的英国人，关于经济他们印象最深的是什么，十有八九他们的答案是"三天工作制"。

1973年12月13日，首相希思提出"三天工作制"，1974年1月开始实行，旨在回应人们对能源短缺的严重关切——关切如此严重，以至于在宣布之前不久，保守党政府甚至提到了"临时政府机器"（the alternative government machine），该机构的任务是在英国面临极端危急情况，如核攻击时，承担起管理国家的责任。在1973年至1974年冬天的那场严重事件发生大约两年之后，《星期日泰晤士报》刊登系列文章对英国政府紧急撤退计划进行了报道，这些文章后又结集成册题名《希思的陨落》（The Fall of Heath）再次出版。记者斯蒂芬·费

(Stephen Fay)和雨果·杨(Hugo Young)是这些文章的作者,他们在文章中透露,当时除了英国政府高层人士之外,没有人知道这些计划。

中东危机导致石油短缺,强大的矿业工会推行加班禁令抗议英国政府的收入政策,这无疑会导致英国全国性的危机。那时的电视频道没有现在这么多,为了节约能源,英国政府认为主要频道可以控制播放时间,晚上10点30分停播。在没有像战时那样强制实施停电的情况下,各部大臣呼吁公众节约用电。一位大臣(又是我们的老朋友詹金)甚至敦促人们睡觉前摸黑刷牙。无论如何,这个建议十分地荒唐可笑,一家受欢迎的报纸因此向詹金居住的伦敦海格派遣了一名记者和一名摄影师。第二天,他家房子的照片便出现在报纸上,整座房子灯火通明。1974年1月和2月,蜡烛制造商生意兴隆,蜡烛价格也随之上涨。

三天工作制以及希思未能解决与强大的英国全国矿工工会(National Union of Mineworkers)的争端,是其政府深陷困境的标志。问题的实质是保守党——"市场力量"的信徒——是能源市场影响矿工谈判地位的受害者。希思被迫要求举行一次他不想举行的选举,这次选举实际上是针对一个他从不想触及的问题进行的。用通俗一点的话来讲,这个问题就是:谁执政?是希思还是矿工?

不幸的是,对希思来说,是矿工。不,也不尽然:英国政府和矿工之间的僵局所造成的混乱导致希思政府垮台,而工党从其领导人威尔逊未曾期望会获胜的大选中所继承的遗产可谓是金杯毒酒。但英国高层人士最担心的有人要从事颠覆活动的谣言并没有得到证实。这些话听上去很疯狂，但在20世纪60年代和70年代经济危机时期，英国人十分担心出现这类政变——这样的政变通常是由极右翼的百万富翁们密谋策划的！

导致实行三天工作制和希思政府垮台的是一根很长的导火索。20世纪60年代流行的凯恩斯主义抗通货膨胀武器是收入政策，也就是说，英国政府试图通过呼吁工会在工资谈判中"自愿约束"或者不时通过法律手段来控制工资暴涨。

对于生活在"零工经济"（The Gig Economy）时代的英国年轻读者来说，这听上去一定十分怪异，如今，很多英国人觉得有一份工作是件幸运的事情，而一年一度进行工资谈判的想法听起来有点新奇，但英国在那个时候，大多数员工都加入了工会，而工会则会定期（通常是每年）代表他们和资方就工资问题进行谈判。他们四处出击，势力变得十分强大。

正是20世纪60年代和70年代英国政府应对工会过分工资要求问题不力导致撒切尔夫人在1979年当选首相。大多数观察家认为，当威尔逊政府1969年停止实施白皮书《斗争的替代物》（In Place of Strife）中所倡导的控制工会的立法时，他们的失败便已经注定。这份报告由就业大臣（Employment Secretary）芭芭拉·卡斯尔（Barbara Castle）负责监督，其左翼色彩极为浓厚。假如她认为需要对工会采取抑制措施，那么她的建议就必须认真对待。不过，她的提议被考虑了，但随后又被拒绝了。英国内阁中反对通过立法对工会进行控制的关键人物之一便是卡拉汉，他有着强大的工会背景。这就为后来撒切尔夫人实施更具攻击性的解决方案留下了余地。

人们永远不会知道，假如威尔逊政府通过立法使英国工会依法行事，那又会发生什么。当时大多数评论员和"中间派"人士似乎认为，工党在完成白皮书中所有的工作之后便退缩了，因此错过了一个千载难逢的机会。我已故的同事，《观察家报》的政治评论员沃特金斯在随后的几年中，经常对后来担任内政大臣的卡拉汉的强势介入与干预进行指责。英国工党与工会的联系是强大的，而卡拉汉本人就是工会会员。

尽管如此，希思领导下的保守党决心对工会进行管控，并通过立法——1971年的英国《劳资关系法》——和劝诫的混合方式削弱工会的权力，同时转向一项宏观经济政策，即最初容许失业率上升的反通货膨胀政策。该政策出台之前，英国政府还发布了一则声明宣称，与工党不同，他们不会成为"干涉主义者"——英国贸易和工业大臣（Trade and Industry Secretary）约翰·戴维斯（John Davies）经常引用的一句话便是对该理念的清晰诠释：英国政府将不再支持"跛脚鸭"。

然而，希思政府的努力换来的却是悲伤，而即使实施《斗争的替代物》也可能遭遇同样的命运。正如埃德蒙·戴尔（Edmund Dell）在《英国财政大臣们的故事，1945—1990》（*The Chancellors: A History of the Chancellors of the*

Exchequer，1945—1990）中所写："人们发现（保守党的）'劳资关系法'造成的问题多于解决的问题。一开始工会强烈抵制，最后雇主也强烈谴责。"他还补充说，"我觉得，卡斯尔的立法很可能也行不通。"

事实上，三天工作制的出台和希思政府的倒台可以归结为三个方面的原因：首先是导致所谓"塞尔斯登人"（Selsdon Man）措施崩溃的一连串事件；其次，石油危机加剧了英国政府的经济问题；最后（在我看来）是，1974年1月9日在由英国国家经济发展委员会主持的大臣、雇主和工会的关键对话中错失的那次机会。

"塞尔斯登人"是威尔逊用来嘲笑保守党1970年大选时宣扬的政策所使用的短语——据说这些政策是在萨里郡克罗伊登的塞尔斯登公园酒店（the Selsdon Park Hotel）举行的周末会议上敲定的。关于那次会议到底有多重要尚存争议，但这个用来描述希思政府早期自由市场政策的短语却已经被标签化。

导致希思措施失败的是接连发生的一连串重大事件。1970年6月大选后不到一年，作为举世闻名的英国工业成功标志的劳斯莱斯（Rolls-Royce）濒临崩溃。1971年2月4日，英国政府宣布，为了使这家航空发动机和豪华汽车巨头免于破产，决定将其国有化。

随后，1972年1月和2月英国矿工举行了为期6个星期的罢工，这场罢工以一项极具通货膨胀性的工资解决方案的出台而收场。除此之外,格拉斯哥(Glasgow)警察局长给唐宁街10号打电话通知首相,在上克莱德造船厂(Upper Clyde Shipbuilders)受到关闭威胁的情况下,他不能确定是否能够维持公共秩序。英国全国失业人数在12月份达到了闻所未闻的100万人的水平,格拉斯哥的失业问题尤为严重。这促成了英国政府对上克莱德造船厂的营救——像劳斯莱斯那样——再次使用英国国有资金。具有讽刺意味的是,1972年2月28日公布救援计划的竟是宣称不会拯救"跛脚鸭"的贸易和工业大臣约翰·戴维斯。约翰·戴维斯是个正派的人,但也是一位没有认识到从工业转行政治并非一件易事的人。

无须详述,1971年至1972年冬,希思政府团队中弥漫着恐慌的气氛。"转向"一词成了一个流行语。它不仅适用于转变先前干预英国工业和工资谈判的态度——希思和巴伯均否认收入政策是工党政府失败的政策——而且也有助于转变对宏观经济政策的态度。"增长"再次被强调,英国未来两年的目标是5%,很多经济报道都关注英国政府是否能够实现这一目标。在税收和公共开支方面,刹车均已失灵。

"转向"是一个被载入英国史册的短语,被之后历任反对党用来描述英国现任政府实施更弦易辙的政策。作为反对党领袖的威尔逊曾在评论希思的一项特别政策时说,首相"把裤子钉在了桅杆上"。那时,我经常受邀前往外国驻伦敦大使馆,对经济和政府政策进行全面的阐释。但是有那么一瞬间,我开始怀疑,他们对我的经济观点不太感兴趣,他们感兴趣的是我对报纸上各种行话的解释。当然，我记得有人问我"转向"的意思，这个问题让我记忆犹新："基根先生，威尔逊先生说'希思把裤子钉在了桅杆上'是什么意思？"

1963年至1964年的"莫德林繁荣"之后，又出现了另一次"快速增长"，这就是"巴伯繁荣"。当然，如前所述，这个"增长实验"的真正动力来自首相希思本人。不过，还有另外一个宏观经济因素：英格兰银行一直在研究一项新政策，研究的基础是一份名为"竞争与信贷控制"的调研文件。其主旨可以概括为"更多的竞争和更少的信用控制"。取消对银行贷款数量的限制，从理论上讲，信贷增长将通过提高利率来进行控制。然而，那时对利率拥有决定权的不是英格兰银行而是英国政府。为了配合政策大转弯，利率长时间保持低位，而苛刻的货币政策一度阻碍了经济的增长。当时财政部的首席经济顾问是麦克道格尔爵士，虽然他不是货币主义者，但后来却将这项政策描述为"固有型通货膨胀"（inherently inflationary）。

因此，在石油危机和三天工作制之前，绝大部分控制英国经济政策的刹车都已经失灵。詹金在1973年5月的那次午餐会上误导罗格利和我时说"政策没有改变"，实际上，从某种意义上来说，事实证明他说的话部分是正确的。巴伯在接下来的星期一宣布了削减公共开支计划，在经济蓬勃发展、通货膨胀压力加剧之际，减少1974年的支出总量，总数仅占英国GDP的0.5%至0.7%。事实上，1974年1月，当三天工作制开始实行时，英国零售价格指数比上年同期高出12%，而甚至在石油危机爆发之前,英国国际收支就出现了巨额赤字。人们认为,小幅削减公共开支几乎没有什么作用。

三天工作制刚刚实行,嗯,一个星期,财政大臣巴伯就代表英国政府拒绝了工会联盟递过来的橄榄枝,该组织也许刚刚解决了矿工的争端,拯救了希思政府。油价对能源价格的影响,总的来说,使矿工们拥有了强大的谈判优势。用麦克道格尔爵士的话说,"当时只是有可能错过了一个改变历史进程的机会"。那时,他已经从财政部首席经济顾问转为英国产业联合会首席经济顾问,并出席了那次决定性的会议。麦克道格尔对此还是持怀疑态度,但是多年之后,时任财政部常务次官的艾伦爵士对历史学家彼得·轩尼诗(Peter Hennessy)和我说,他认为真的错过了一个机会。

最致命的一天是1974年1月9日星期三,事件是英国国家经济发展委员会举行的一次会议。我之前提到过,这是早在1962年由麦克米伦首相和其众多财政大臣之一的劳埃德创立的对话方式。由于担心工资暴涨和英国经济生产力低下,他们希望通过把政府、雇主和工会聚合在一起来提高我们的工业业绩。麦克米伦(失败的)加入欧洲经济共同体的申请也是基于同样的原因和期望。

十二年后,保守党再次执政,在一个通货膨胀比英国国家经济发展委员会成立之时严重得多的情况下,他们正在失去对劳资纠纷的控制。由矿工拒绝加班和三天工作制引发的危机显然是需要讨论的话题。

在这次关键会议之前和之后,英国大臣们、工会领导、英国政府其他官员以及英国国家经济发展委员会总干事频繁进行交流。关键议题是其他工会组织是否会利用政府可能给予矿工的任何特权来获利,当时矿工们的议价能力因油价翻两番而大大增强。现在年轻人可能很难相信,但在1972年为期六个星期的罢工之后,矿工们已经获得了27%的加薪,如今他们要求加薪幅度不低于35%。

收入政策有好几个组成部分,对雇主和工会的约束要求出现在不同的部分。在最新的收入政策中,针对能源矿业雇主和工会的约束要求出现在"第三部分"。我曾经为《金融时报》报道过英国国家经济发展委员会会议。当时,该委员会的总干事是受人尊敬的前高级公务员罗纳德·麦金托什爵士(Sir Ronald McIntosh)。我们感谢他,他说他决定从1973年11月起将每天发生的事件记录下来,而这是他一生中"唯一一次"这么做,因为"经济危机迫在眉睫的感觉几乎是有形的"。

在1973年12月5日星期三的英国国家经济发展委员会会议上,一位名叫迪克·马什(Dick Marsh)的内阁大臣说,英国正面临自20世纪30年代以来最危险的形势,现在还不是废除物价和收入政策的时候。在随后的新闻发布会上,我问,英国政府雄心勃勃的增长目标现在是不是不切实际,麦金托什回答说,他认为是。这一回答在一些报纸上被报道为财政大臣巴伯的公开观点。首相和财政大臣非常愤怒,麦金托什解释说,那只是他个人的观点,并非政府的观点,巴伯批评他不应该在这个问题上发表任何的观点。当时是敏感时期,巴伯本人也特别敏感。

麦金托什在日记中记录了1月9日英国国家经济发展委员会会议上提出的一份分析,分析得出的结论是,如果三天工作制只持续到本月底的话,那"其结果将是可控的,恢复正常也会相当地快"。否则,"会对产出、出口和最终复苏造成迅速而严重的影响"。

麦金托什的日记中还有这样的记录,当时,一个主要的工会组织——英国全国铁路工人联合会——的领导人西德尼·格林（Sidney Greene）代表英国工会联盟提出了一个严肃建议。他说,"如果英国政府能够与矿工达成和解,职工大会和工会不会将其用于其他谈判或者当成解决其他问题的筹码。

麦金托什认识所有主要的工会领导人。虽然费和杨在《希思的陨落》一书中对某些工会领导人——英国全国矿工工会副主席米克·麦加希（Mick McGahey）——的观点进行了重点评述,但工会最高级领导人,包括英国职工大会秘书长伦·穆雷（Len Murray）,都对三天工作制可能造成的损害感到焦虑。身为政治家,他们认为十分有必要尽快平息这一事态。

格林还对其提议进行了补充,用麦金托什的话来说,他坚称"这是为了解决矿工争端,结束三天工作制"。

在早期,英国政府和工会之间有太多的不和,彼此之间相互猜忌。然而，在我看来，这一提议是一个黄金机会，可以让英国政府摆脱困境，迅速结束三天工作制，甚至可以避免随后那场"谁执政"的致命选举。

不仅我这么认为，艾伦爵士也持有相同的观点。艾伦爵士是一个强悍而精明的人，不肯轻信他人，甚至有点愤世嫉俗。他坐在财政大臣后面，隔着两排座位，他想递给财政大臣一张纸条。艾伦爵士已经快速得出结论，英国工会联盟的提议值得考虑。不幸的是，他的纸条没有及时交给财政大臣，而巴伯断然拒绝了这个提议。从那一刻起，就像他们说的，一切都开始走下坡路。

毫无疑问，三天工作制严重影响了公众对希思政府执政能力的看法。具有讽刺意味的是，有人甚至宣称，在这段时间里，英国生产力提高了，而且在某些情况下，工业生产在三天内完成了之前五天的工作量。

身为公务员制度负责人的威廉·阿姆斯特朗爵士也在走下坡路。他和希思关系甚好，被称为副首相。对于矿工们的要求，威廉·阿姆斯特朗态度强硬：那年一月的一次会议上，在向内阁大臣们发出警告"向矿工屈服"会产生可怕的后果时，他显然或多或少阻止了其他人的发言。还有一次，在举行过常务次官会议之后，他把自己办公室的门锁上了。按照时任内阁大臣约翰·亨特的说法，很明显，他的压力太大了。后来，他精神崩溃，被送往西印度群岛休养。

谢天谢地，他及时康复，回到英国后担任了米特兰银行（Midland Bank）的董事长。我记得20世纪70年代末，他出席了英国财政研究所（Independent Institute for Fiscal Studies）的一次晚宴。晚宴结束之后我和他一起去了酒吧。离开时，他说不久之后我们要一起吃顿午餐，他会将整个故事告诉我。不幸的是，他在我们两个都没来得及安排午餐之前就去世了。

还有一位姓氏为阿姆斯特朗的财政大臣，其全名为罗伯特·阿姆斯特朗（Robert Armstrong），后来成为伊尔明斯特阿姆斯特朗勋爵（Lord Armstrong of Ilminster）。他从财政部（他参与了1967年后货币贬值政策的制定）调到唐宁街10号，担任希思的首席私人秘书，人们普遍认为他在非常困难的时期做了出色的工作。前公务员阿伦·埃文斯（Alun Evans）说，罗伯特·阿姆斯特朗在接受采访时，听到记者说当财政部想要他回来，而首相给出的理由是他太重要了拒绝放他走时，他哑然失笑。希思粗暴而寡言，之前一直没有腾出时间和他的首席私人秘书分享这一评价。

1974年2月，希思政府在"谁执政英国"的大选中落败。外界普遍认为，如果早点举行选举，他可能会赢。具有讽刺意味的是，本以为会在1970年的选举中获胜却失败了的威尔逊，却意外地赢得了这次选举。但不幸的是，对他和工党来说，上届政府留给他们的遗产被证明是难以承受之重并无情地导致了下一场危机。

1976年：向国际货币基金组织借款危机

加尔布雷思的《1929年大崩盘》(*The Great Crash 1929*)通常被认为是关于那场危机的经典描述，然而，它却花了整整25年的时间才出现在公众面前。

1976年的英国向国际货币基金组织借款危机丰富了图书馆的书架，催生了无数的学术论文。我已经数不清参加过多少次有关这一主题的研讨会。时任财政大臣常务次官的道格拉斯·瓦斯爵士（Sir Douglas Wass）对他所读到的有关这次危机的描述非常不满，他觉得有必要表明自己的观点，于是，在危机发生30年后的2008年，他出版了自己的著作。

瓦斯爵士是个和蔼可亲、彬彬有礼的人，也是我的一位朋友。在该书的序言中，他对以前那些受到过微不足道赞许的努力表示不屑，这一点毫无疑问是英国财政部人士态度的体现。在他看来，回忆录和日记"有助于更好地理解1976年政府面临的经济危机以及它必须解决的难题，也为从纯政治层面看待这场危机提供了一个有价值的视角"。但是，"它们远没有对所发生的事情进行客观的描述，事实上，其中存在许多明显的事实性错误"。

因为这是一部个人回忆录，所以我不打算去翻那些1976年有据可查的旧账，而是抱着娱乐的态度，关注一些瓦斯爵士没有提及的、我和彭南特-雷亚在关于这场危机的讨论中所做的贡献。

事情是这样的。我在英格兰银行工作时,彭南特·雷亚是道的私人助理,后来离开英格兰银行去了《经济学人》。他建议我们两人应该将我们手里的资料结合起来,写一本关于英国经济政策的书。我撰写的其中一章题名为《英镑和国际收支:1976年和所有……》。我有幸采访了许多1976年事件的重要参与者,多年后重读那些采访时,我感到很高兴,那些采访至少让我们对某些关键时刻发生的事情有了更为清晰的了解。

对20世纪70年代初期英国公共支出和早期通货膨胀的担忧,使人们对所谓的"货币总量"——各种测量货币供应量的方法——表现出巨大的兴趣,甚至到了痴迷的程度。流通中的纸币和硬币被称为M1,更广泛的措施被称为M2和M3,因此引发了许多与高速公路相关的笑话。此外,预算赤字规模和公共部门借贷需求(PSBR)也备受关注。公共部门借贷需求支撑了税收和其他关税收入无法支付的那部分公共支出。我知道,英格兰银行对此进行了无休止的讨论和分析,但受到指责的却是由首相卡拉汉和财政大臣丹尼斯·希利领导的政府。1976年4月,威尔逊突然辞职,各种阴谋论甚嚣尘上,但人们对工党政府已经失去信任——即使在最好的时候,金融市场也总是对其持怀疑态度——卡拉汉随后入主唐宁街10号。一些观察家喜欢将威尔逊的辞职与这些阴谋论联系在一起。这都是在胡说八道,但威尔逊本人似乎对此颇感恐惧。事实是,他的辞职对他最亲密的朋友来说并不意外。1974年2月威尔逊当选首相后不久,他就将辞职一事告知了他的律师古德曼勋爵

（Lord Goodman），卡拉汉当然也知晓此事。

英国政府采取的策略是通过借贷度过严重的通货膨胀和人们对公共开支与日俱增的担忧的双重风暴。北海石油勘探的成果为英国带来了石油财富，这些近在眼前的财富可以用来偿还贷款。

英国政府鼓励公共实体部门，如英国国有企业和地方当局，向国外借贷来增加外汇储备。但最终，英国财政状况的致命问题依然是收入不足。

这反映了下面的历史事实：第二次世界大战期间和之后，英国一直依赖本国和英联邦国家的巨大资金储备。卡拉汉不想让这些储户失望。这一点在他1964年做出不贬值决定和1967年被迫做出贬值决定时，都是他首要的考量。事实上，因未能信守承诺而让这些国家失望的负罪感，是卡拉汉于1967年11月辞职的原因之一。

1973年底至1974年初，油价上涨了五倍，新富起来的中东和非洲产油国的额外存款增多。1974年至1975年，英国国内问题日益增多，但1976年的英镑危机还是延迟到来。1976年4月，我从《金融时报》调至英格兰银行工作，我这才了解当石油生产商将储蓄分散到纽约、苏黎世和其他更安全的避风港时，这些存款流失的程度有多么严重。

另外，我还提前获得了公共部门借贷需求的数据，而我也因此不时遭遇尴尬。有一次，我与《金融时报》的一位老同事共进午餐，他想找点独家新闻，对我进行了各种各样的试探。

我已经从普通的参与者变成规则制定者,所以我必须比你更有道义感!

1976年的国际货币基金组织危机让人记忆深刻。但据传说,英国在1975年圣诞节前夕就已经不得不从该组织的石油贷款机构借钱了,这一点鲜为人知。这一融资机构的作用就是为像英国这样突然受到油价上涨冲击的进口国提供帮助。后来,该机构提出了更为严苛的贷款条件。在向国际货币基金组织敲定另一笔贷款——用该组织的行话来说就是"份额"——之后,英国政府希望通过向设在巴塞尔的国际清算银行借贷度过1976年的危机。

他们也因此掉入了一个陷阱,即如果在偿还国际清算银行信贷方面遇到问题,他们同意向国际货币基金组织申请更多贷款。不幸的是,英国面临的情形很明显是这样的——石油生产商正在分散存款风险,其他英镑结存也正在从伦敦撤出。事实上,英国1976年外流的资金约有三分之二是英镑存款。

一个主要的问题是,考虑到工资通货膨胀飙升对竞争力的影响——正如我们在上文中看到的那样,1975年8月,英国通货膨胀率同比已经达到26.9%的峰值——1976年初,财政部就开始考虑对英镑实施小幅贬值。

不幸的是,当英国财政部还在讨论这个策略的时候,尼日利亚于1976年3月初取走了部分英镑存款,这一做法给市场留下的印象是英格兰银行蓄意让英镑贬值。一天之后,当一项预先安排好的银行利率——当时被称为最低贷款利率——的下调通知发布时，波澜骤起。从那时起直到年底国际货币基金组织贷款到位，英镑投资者对英国经济的信心和信任消失殆尽。

1975年至1976年，我在《金融时报》报道突发的经济危机，然后调至在外汇储备和英镑存款方面承受巨大压力的英格兰银行工作，这是一段不同寻常的经历。对于那些油价上涨五倍不是危机而是发财机遇的国家来说，这是一个延迟的反应方式。1973年至1975年，它们一直在大肆敛财，并将其存放在传统的外汇储备之地——伦敦。这些国家主要是中东石油出口国和尼日利亚。

但是，正如我们所看到的，它们开始将持有的资产多样化，比如将从伦敦取出的钱存入纽约和苏黎世的银行。这样的做法只是为了应对备受关注的经济问题，同时也为英国埋下了自第二次世界大战以来最大的经济危机隐患。

在我1976年4月到英格兰银行工作之前，这场风暴就已经开始酝酿。尽管在《金融时报》工作时我们都认为，每个月报道的英国官方储备数据被大量篡改，或者说那些数据都是英国"官方的想象和虚构"，但直到我开始在英格兰银行工作之后，才知道英镑存款的流失有多么严重，英镑面临的下行压力有多大。

1975年秋，一位被人们认为爱惹是生非的财政部高级官员鼓励我写一篇头版报道，告诉公众英国最终可能不得不向国际货币基金组织申请援助。然而，直到1976年3月的那两天，这场危机才真正到来。当人们还在私底下讨论财政部和英格兰银行是否应该启动英镑贬值计划时，金融市场用实际行动给出了答案。实际上，同时发生的降息和英镑抛售引发了市场的猜疑，那就是货币"主管机关"——财政部和英格兰银行——已经蓄意采取了一项迫使英镑贬值的政策。

我想他们还没有那样做，他们还在犹豫。但是，英格兰银行于1976年3月4日星期四代表尼日利亚政府出售英镑以及3月5日星期五下调官方利率，的确给市场留下了这样的印象。（其实，这只是使当时被称为最低贷款利率的银行利率与市场利率保持一致而已！）到英格兰银行工作之后，几乎所有参与其中的人都想告诉我他或她对这些事件的看法，而且往往是长篇大论。瓦斯爵士甚至撰文对1976年事件进行了详尽的描述（如前所述），并巧妙地题名为《从衰落到衰亡》（*Decline to Fall*）。[①]这个标题是对下列情形的高度概括：当一些官员（包括瓦斯在内）一开始希望英镑下跌时，英镑拒绝下跌，后来英镑失控下跌，工党政府的声誉随之受损。的确，保守党可以对工党进行嘲讽，指责它多年之后不得不向国际货币基金组织"卑躬屈膝"。

丹尼斯·希利曾反复强调，如果财政部预测正确的话，他就不用向国际货币基金组织提出申请了。瓦斯在其书中对希利

---

① Decline to Fall为双关语，还可译为《拒绝下跌》。——译者注

的这一言论进行了严厉的驳斥。的确，瓦斯曾经告诉我，向国际货币基金组织提出借款申请是在这些预测之前进行的。尽管如此，希利在之后的几年里还是大受欢迎，因为他开玩笑说，他想像"波士顿扼杀者"（the Boston Strangler）①为了入户推销员的名声所做的那样，对经济预测者们做些什么。

在决定向国际货币基金组织提出申请借款之前，卡拉汉尝试了各种手段——包括与他的朋友、联邦德国财政部部长赫尔穆特·施密特（Helmut Schmidt）和令人敬畏的美国国务卿亨利·基辛格（Henry Kissinger）进行沟通，希望能避免下一次贷款，下一次贷款将有"条件限制"——严格而具有羞辱性的条款。

一切都是徒劳的。英国将受到惩罚。在申请带有附加条款的贷款之前，政府一直在采取各种限制措施，比如计划削减公共开支等，但这并不重要。重要的是，工党一直认为削减开支危害巨大，是与美国人关系最为密切的财政部官员德里克·米切尔爵士（Sir Derek Mitchell）警告他们必须削减公共开支。米切尔与强硬的美国财政部官员艾德·伊奥（Ed Yeo）关系很好，此人敦促英国对公共开支进行大幅削减。在与国际

---

① 马萨诸塞州，波士顿，从1962年6月到1964年1月，十九岁到八十五岁的十三名单身女性在寓所被袭击，遭性侵并被刺死、打死或勒死。警方一筹莫展。1964年10月又发生一起强奸案，警方找到了阿尔伯特·德萨尔沃（Albert DeSalvo），他向警方供认，自己就是传说中的"波士顿扼杀者"（Boston Strangler）。他在1967年被宣判终身监禁。虽然民众相信德萨尔沃就是"波士顿扼杀者"，但是警方一直认为这些案件非一人所为。——译者注

货币基金组织的谈判中,最好不要说"看看我们已经做了什么"。对方总是想要的更多。在这种情况下,无论英国政府采取什么措施,除非这些措施能够给金融市场留下深刻印象,否则这些措施都是不够的,国际货币基金组织会提出更多的要求。

无论如何,那年的夏天和秋天都颇具戏剧性。英镑的压力和外汇储备的流失如此严重,以致希利和理查森行长不得不在机场掉头,取消从希思罗机场到马尼拉的行程,世界银行和国际货币基金组织的年会将在那里举行。这件事发生在1976年9月28日星期二。考虑到英镑崩盘的速度,一位美国观察家对我说:"让人们觉得有趣的不是他们为什么从机场回来,而是他们为什么一开始去了那里。"

财政部官员在九月初就认为,尽管有人百般抗拒,但如果不向国际货币基金组织提出申请,人们对英国经济的信心就不可能恢复。英镑承受的压力如此之大,人们对它信心如此之低,出售英国政府债券并非一件易事——这种情况被称为"国债罢工"——因此,英国政府决定结束游戏,立即向国际货币基金组织提出申请。1976年9月29日星期三,希利宣布了这一计划。第二天,在工党大会上,他遭到众人无情的围攻。这就是英国工党当时的状况。财政大臣希利甚至不是英国国家执行委员会的委员,只能在听众席上发言,而且给他的发言时间只有5分钟。然而,他的演讲十分精彩,嘘声中夹杂着更多的喝彩声。

伊奥选择经由伦敦飞往马尼拉，顺便与希利见一面。他就是那个态度强硬的人。但是，假如他和他的老板——美国财政部长威廉·西蒙（William Simon）——执意要英国大幅削减公共开支的话，那么，白宫怀疑这会造成巨大的政治伤害，卡拉汉政府可能已经倒台了。关键是美国政府是国际货币基金组织迄今为止最大的股东，对该组织具有强大的影响力。然而，西蒙和伊奥必须对福特总统有所交代，因为1976年6月在波多黎各举行的一次峰会上，卡拉汉从福特总统那里得到了关于他面临的政治问题及其试图在英国取得成就的同情和支持。

英国国家安全委员会的主席是布伦特·斯考克罗夫特（Brent Scowcroft），而罗伯特·霍马茨（Robert Hormats）是位经济学家。正如我在《谁管理经济》（Who Runs the Economy）一书中所写的那样，"福特在白宫最亲密的顾问们对1931年英国工党政府的垮台依然记忆犹新，他们觉得，如果工党政府由于国际货币基金组织过分严厉的条款而倒台的话，西蒙和伊奥不会太过担忧。"但他们也认为，如果条款过多，也不能保证不会出现一个西蒙和伊奥更不喜欢的左翼政府。

让我们回头看看卡拉汉在1976年9月29日星期三的工党大会上发表的讲话，他认为向国际货币基金组织提出贷款申请是正当的，但英国党内大部分人却认为此举难以接受，因为1967年那场危机依然萦绕在他们的脑海中。在一篇具有开创意义的文章中,他断言,英国通货复胀到更高水平的日子已经一去不复返了,即使这些政策真正起过作用,但它们不会再起作用了。下面是他的原话:

> 我们曾经认为可以通过花钱走出经济衰退,通过减税和增加政府开支来增加就业。我坦率地告诉你,这个选择已经不存在了。第二次世界大战之后我们一直在使用这种手段,将更大剂量的通货膨胀注入经济,随后却是更高的失业率。

这段话是他的女婿杰伊为他起草的。那时,杰伊已经对凯恩斯主义传统失去了信心,是我们将在下一章讨论的货币主义的主要倡导者。他曾经在一次研讨会上说,他给岳父卡拉汉撰写的演讲稿很长,但他只使用了这一段话。正如我们所指出的那样,这是一种策略,最终在向国际货币基金组织申请贷款的问题上得到了美国政府的支持。

卡拉汉在回忆录中指出,"我的演讲在欧洲和美国被广泛地引用,得到了人们的赞许。而最近却被保守派发言人滥用,为他们在一个经济衰退、低投资、低通货膨胀、失业率创纪录的时期,拒绝增加公共开支的邪恶行径进行辩护。"1987年,他又撰文称,"我没有理由收回我当时说的话说。"但即使你不是一位语言哲学家,你也能发现他的两段发言似乎有相互矛盾之处。卡拉汉对撒切尔政府对待失业问题漫不经心的态度感到非常不安——几年后,担任财政大臣的拉蒙特说,失业是"值得付出的代价",这句话可谓是对卡拉汉担忧的印证。关键是,正如西方世界在2007年至2009年的国际金融危机中所发现的那样,摆脱经济衰退的唯一途径就是消费。凯恩斯的价值又被重新发现了!

卡拉汉讲话的战术效果很快显现出来。与美国财政部不同,白宫决定支持卡拉汉和希利,他们害怕由托尼·本恩(Tony Benn)领导的极左势力会上台执政。对于斯考克罗夫特和霍马茨以及后来的福特总统来说,卡拉汉的讲话发挥了至关重要的作用。正如霍马茨所说,"那次演讲让我们看到英国已经改变了方向。希利随后对此也进行了回应。没有那次讲话,英国从国际货币基金组织申请贷款很难得到美国的支持。有了它,我们便看到白宫在思维方式上发生了我们希望看到的真正转变。"美国总统福特和时任联邦德国总理施密特次日致电卡拉汉,对他的演讲表示祝贺。

随后的几个月里,卡拉汉政府可谓噩梦连连,而这些都被清晰地记录下来。当时我在英格兰银行工作,已经不是记者,所以我关注这些事件的角度就与记者截然不同。《星期日泰晤士报》头版报道国际货币基金组织建议将1.5美元作为兑换英镑的适当汇率,但该条新闻的真实性被财政部断然否定,该报的经济编辑马尔科姆·克劳福德(Malcolm Crawford)的良好声誉因此受到打击。该事件当时在舰队街引起了不小的轰动。多年之后,一位前财政部高级官员对我说,克劳福德说得

"大体上是正确的"。

很显然，克劳福德的编辑们看到了他日常专栏的校样，建议将措辞巧妙的信息"硬化"成耸人听闻的头版报道。这是财经记者，特别是专栏作家经常会遇到的典型困难。如果某个东西在专栏中出现时，描述谨慎，可能不会让英国财政部或英格兰银行感到尴尬，但如果肆意地吹嘘夸大，那可能会引起麻烦。就上述例子而言，一位英国财政部前官员曾坦白地对我说，与国际货币基金组织的谈判非常微妙与艰难，他们不得不驳回一份基本准确的报告。"关于这件事，我一直为克劳福德感到抱歉。"他说。

英国工党的声誉因1976年事件而受挫下滑，但对卡拉汉来说，能够将内阁成员团结在一起，尤其是与希利的多次周末私人会面，却是一份巨大的成就。多年之后，希利告诉我，其他政府官员对此一无所知。他们两人都住在苏塞克斯，相隔不远。

参与英镑救助行动的除了国际货币基金组织，还有美国一些主要银行。在英国官方发布声明和举行仪式之前，《金融时报》就已经掌握了所有的情况。由于我是从《金融时报》"借调"到英格兰银行工作的，因此银行的一位董事把我叫过去，怒不可遏地对我说，《金融时报》抢了银行的风头。我怎么办？让他给编辑写封信表达他的愤怒吗？我很高兴，我设法使他平静下来，我是这么对他说的，在我看来，《金融时报》报道的并非真实的故事。"你什么意思？"他问。好吧，我说，如果我还在《金融时报》的话，我会关注一个事实，那就是纽约一家主要银行拒绝参与这一行动，显而易见的原因就是它认为英国政府仍然不值得信任。他对我的观点表示赞同。

1976年还发生了一个看似很小，但却很有趣的插曲。谈判期间，国际货币基金组织的官员来伦敦查验账目，他们住在伦敦西区的布朗酒店（Brown's）。有一天，他们外出吃晚餐。之前，他们一整天都在听卡拉汉团队诉苦，说他们的情况有多么困难，说把国际货币基金组织式的困难强加给一个已经饱受苦难的国家是多么糟糕的主意等。

国际货币基金组织核查小组由三到四名成员组成，英格兰银行前官员、英国人艾伦·惠特姆（Alan Whittome）任组长。他们一行人漫步至杰明街尽头的惠勒餐厅——一家著名的鱼餐厅——发现那里挤满了人，甚至连订座位的机会都没有。他们连续找了几家餐厅，情形大抵如此。最后，他们终于找到了一家可以吃饭的餐厅。他们也由此得出结论：他们被英国工党内阁耍了，事情还没有那么糟糕。

我知道，这些官员如此的亲身经历会对他们产生非常大的影响。通常，他们做出判断的依据是纯粹的数据。《金融时报》也曾发生过类似的事件。当时，财政部常务次官艾伦爵士在"紧缩"期间来报社吃午餐。"紧缩"应该是1968年至1969年"让货币贬值发挥作用"政策的组成部分，当时执政的工党政府同样受到国际货币基金组织的控制。

"我不知道有那么严重，"他告诉我们。"星期六我去了克罗伊登的一个展厅，那里似乎有很多人在买东西。"在最近几年的研讨会上，我看到一些修正主义理论，认为1976年卡拉汉政府根本不需要向国际货币基金组织求助。没有人知道需不需要，但坦率地说，我不相信这些理论。当时，人们对英国政府的信心已经彻底崩溃；债券市场出现了所谓的"国债罢工"——也就是说，英国国内外的投资者正在拒绝英镑，拒绝购买英国政府债券。面对此番情景，如果需要说点什么的话，那就是"必须采取点措施了"。

之后，市场出现了巨大的转变，而英镑由疲软转为坚挺。

1977年7月我加入《观察家报》不久，人们对待英镑的消极态度不见了踪影，转而对英镑表现出极大的热情。我们度过了1976年的危机，金融市场仿佛突然发现英国拥有北海石油，尽管他们早就知道这一点。与1976年形成对比的是，现在英国的政策是压低英镑，所采取的措施就是对外汇市场进行干预，把美元和其他货币纳入储备，不再为维持英国产业的竞争力让英镑大幅升值，这也是克劳福德事件期间，国际货币基金组织在适当汇率问题上考虑的重点。

然而，压力是如此之大，以至于越来越多的英格兰银行和财政部的货币主义官员们对货币扩张产生的影响表示担忧，根据他们的思维方式，货币扩张的结果就是通货膨胀。

一次，我和《观察家报》的同事汉密尔顿与拉斐尔三人共同得出结论，英国政府打算"取消"对英镑的限制。我们及时写了报道，果不其然，这件事在接下来的星期一发生了。我们的独家新闻引发了官方的泄密调查，一位不便透露姓名的官员给我家打电话告诉我妻子希拉里，不管我回来多晚，那天晚上一定要给他回电话。我按照他的要求给他回了电话——午夜之后——他恳求我写一封信，证明他不是泄密者。

我极力劝阻他不要这样做，理由很简单，这样做会适得其反，引火烧身。然而，他坚持自己的想法，我便给他写了一封信。最近在翻阅档案时，我发现他后来给我写了一张便条，向我表达了深深的谢意。无论如何，他的职业生涯并没有因此而受到影响。

其实，我们之所以得出那样的结论，是因为我们基于当时英镑的情势以及我们收集的相关线索和评论——当然，还有一些官员的担心——做出了准确的推断。星期五晚上，我参加了英格兰银行的一个聚会，出席此次聚会的还有一些英国政府官员，他们刚刚参加完一场有关英镑事务的会议，而我和他们中的几个人进行了交流。

几个月后，我收到一封信，一位当时在金融城工作的《金融时报》老同事就那篇报道向我表示感谢。他对我们的新闻线索提供者有着充分的信任，上周末在中国香港进行英镑交易赚了很多钱。这简直就是金融惊悚片中的情节。

关于1977年不受欢迎的强势英镑，我还有一段愉快的记忆。有一天，我和财政部的一位朋友迈克·默瑟（Mike Mercer）一起吃午饭，期间我们发明了一个新词——"euphobia"，意为"好消息恐惧症"，又称"喜事获悉恐惧症"

（得这种病的人会害怕听到任何好消息，好消息对他们来说，都是噩梦的前兆！）。许多年后，在翻阅一本《钱伯斯词典》（*Chambers Dictionary*）时，我发现该词已经被收录其中。

"喜事获悉恐惧症"反映的是当时人们的情绪，但1976年至1979年执政的卡拉汉政府始终没有从"喜事获悉恐惧症"之前的事件中恢复过来，即1976年的英镑崩溃和来自国际货币基金组织的羞辱。

希利1974年至1979年担任财政大臣。也就是说，他是为数不多的被两任首相所用的大臣之一——先是威尔逊，后是卡拉汉。这一非凡的记录与其1964年至1970年一直担任国防大臣的经历互为镜像。

人们都知道，希利非常了解外交事务，一直想当外交大臣，正如外交大臣克罗斯兰精通经济学，一直想当财政大臣一样。这些令人敬畏的政治家当然都会在历史上留下自己的印迹。两人都没有实现自己的理想，但他们都处事圆滑，用希利的话来说——当然人们也觉得——他们"深不可测"。

20世纪70年代中期，在如今被称为新自由主义的圈子里，对希利痴迷于与工会就经济政策进行"社交联络"进行嘲弄曾是一种时尚。希利试图通过让工会领导人参与经济战略的制定，来规避工资上涨的压力。

如前所述，在油价飙升的最糟糕时刻，工资上涨与生活成本的变化相关。尽管政府与金融市场的关系并没有因为一些灾难性的重复计算而得到改善，还可能使当时的情况看起来比实际情况糟糕得多，但不得不说工党政府的公共开支计划也的确太过大胆。一些财政部官员对于工会能够产生的影响持怀疑态度——"我们又要去政治局了。"一个人曾半开玩笑地说——而其他人，包括瓦斯爵士，作为常任秘书，他更为同情财政大臣的困境，支持后来未能走得太远的"工业战略"（industrial strategy）。

作为英国《观察家报》的经济记者，我的一项重要工作就是出席世界银行和国际货币基金组织的年会。1977年的年会在华盛顿举行，之前在巴巴多斯召开了英联邦财政大臣会议。正是在巴巴多斯，希利举行了一次正式的记者招待会，就当时的状况做了说明。之后，我的一位同事让我去看看财政大臣是否会单独向英国媒体作简报。

我便去找了希利，他带着标志性的友善微笑说，如果我们能给他买一杯酒的话，那他会很高兴那样做的。于是，我们去了海滩边的一家酒吧，财政大臣高高兴兴给我们讲了很多的事情——事实上，当时的"迷你"预算很多，泄露其中某个预算的计划在那时可谓是司空见惯。对《观察家报》来说不幸的是，当时恰逢周中，所以我没有什么要立即报道的。

或者更确切地说，应该是有。事情是这样的：我《金融时报》的前同事朱雷克·马丁（Jurek Martin）在为《金融时报》做会议报道，但他却有别的事情要做。他找到我说："伯特·兰斯（Bert Lance）辞职了。"对现代英国人来说，兰斯这个名字没有什么重要含义，但他是美国政府的一名成员，他的辞职在当时是一个大新闻。朱雷克·马丁说："伦敦要求我明天写一篇2000字的专题报道。你介意我把希利的故事转包给你吗？当然，署我的名字。坦率地说，你现在比我更了解英国国内的情况。我给你70美元。"

这是一笔交易，1976年我离开《金融时报》去英格兰银行工作，之前写过几百篇的头版报道，如今我又写了一篇，署名为朱雷克·马丁。

我和希利相处得很好，一直和他保持着联系直到他98岁去世。随着时间的推移，我想更多的历史学家已经意识到，希利在极其困难的条件下，出色地履行了其财政大臣的职责。这不是一个普遍的认同，但我倾向于接受这样的观点。

一个政府及其首相可以执政一年或者许多年，实现或者未能实现其雄心壮志，但他们说过的话总有那么几句会存留在人们的记忆中。

1964年至1970年执政的威尔逊政府便是其中一个例子。"你口袋里的英镑还没有贬值"成为人们对1967年英镑贬值的永恒记忆之一。其实，原话通常与传言有所不同，然而，出于对时髦头条的渴望，媒体便断章取义，甚至曲解原文。不过，尽管如此，还是把真理的精髓留给了后人。于是便有了下面的情景：1979年1月，在那个所谓的"不满的冬天"，当卡拉汉从瓜德罗普（法）（Guadeloupe）参加完政府首脑峰会回来，在机场遭到记者们的围堵。当他还一头雾水的时候，报纸头条已经在大喊道"卡拉汉——'危机? 什么危机?'"。

年轻的读者可以想象一下当时的画面。首相卡拉汉刚从阳光明媚的西印度群岛回来，正如公众所关注的那样，他刚刚与七国集团的其他领导人进行了愉快的交流——当然也感受了加勒比的奢华——事实上，他与美国总统福特、法国总统吉斯卡尔·德斯坦（Valery Giscard d'Estaing）还有联邦德国总理施密特就西方核战略以及其他国际问题进行过认真的会谈。卡拉汉认为这次会议非常重要，所以在回忆录中用了好几十页来记述这次会议。但大多数人却只记得记者们创造的那句"危机，什么危机？"。这种经历可谓是新闻工作的一部分！卡拉汉从温暖的加勒比回到了寒冬中的英国，关于罢工和政府工资政策崩溃的新闻铺天盖地，未来几天甚至会有这样的报道：利物浦和其他地方的罢工者拒绝埋葬死者的遗体。

危机？什么危机？这是送给讽刺作家和充满敌意的媒体的礼物。然而，卡拉汉是这么说的："我不认为世界上其他人会认同这种观点，即世界上正出现越来越严重的混乱局面。"问题是，正如1973年至1974年冬天希思政府经历的那样，又一个政府的薪酬政策已经崩溃。

希利在回忆录中提到了这一点，他承认，其政府在制定薪酬政策目标时可能过于雄心勃勃，致使工会提出了更高的要求，导致"不满的冬天"的到来。毫无疑问，1976年不得不向国际货币基金组织"求援"、1978年至1979年工资政策处理不当以及"不满的冬天"的不幸插曲，是导致工党1979年大选失利和撒切尔主义兴起的重要原因。

1979年至1982年：
施虐货币主义与撒切尔衰退

1979年，撒切尔政府上台，他们对白厅这台机器的运转能力深表怀疑，因为是它导致了20世纪70年代那些让人记忆犹新的失败，尤其是它还雇用了一批凯恩斯主义经济顾问。因此，在新任财政部金融事务大臣劳森及其老朋友布里坦爵士（Sir Samuel Brittan）的强力干预下，他们选择了一位来自伦敦商学院的货币主义者——名叫特里·伯恩斯（Terry Burns）的年轻人——作为财政部的首席经济顾问。

当新晋财政大臣豪爵士抵达唐宁街11号和财政部时，他和撒切尔夫人决心做一件大事——降低最高所得税税率。当时的所得税税率高达83%，投资收益率高达98%，即使像我这样的左翼人士也觉得这样的水平已经有悖常理。我想，后者应该是拉弗曲线（Laffer Curve）真正适用的少数几种情况之一。美国经济学家阿瑟·拉弗（Arthur Laffer）在华盛顿一家餐厅就餐时，曾在一张餐巾纸上画了一条曲线，以示降低税收将为里根政府带来更多的收入。事实上，他们的做法为美国国防开支的大幅增加做出了贡献，而庞大的国防开支是造成预算赤字的主要因素。然而，罗纳德·里根（Ronald Reagan）不仅总是面带灿烂的微笑，而且还具有极好的运气，坏事不沾边，总能成功摆脱了民主党人眼中的困境。里根曾经这样调侃："赤字足够大了，已经可以自理了。"当然，赤字照料的不是自己，而是冷战。里根执政期间国防开支的增加足以说服苏联人：不能再竞争了。

如果撒切尔新政府要降低所得税的最高税率的话，那么最好也向那些投票给他们的英格兰中部的人展现出一个姿态，即向他们保证同时降低基本利率。为了筹集资金，他们必须通过增加间接税（即增值税）来抵消成本。在竞选期间，英国工党曾指责保守党计划将增值税翻一番，这是一个内阁希望伪造的预言。最终，各方达成妥协，将增值税从8%提高到15%。

英国财政部官员警告劝说减税者，这将对通货膨胀产生巨大影响，毫无疑问，会直接影响到零售价格指数。但是，撒切尔夫人、财政大臣豪爵士和当时颇具影响力的副大臣劳森已经开始宣扬货币主义。他们深受货币主义经济学家的影响，这些经济学家坚持认为控制通货膨胀的唯一办法就是控制货币供应量，而且财政部里还充斥着"凯恩斯主义的胡说八道"。

于是，一个以控制通货膨胀为口号赢得选举的政府主政一年后，零售物价指数从前任政府时的约10%上升到20%以上。还有一点很重要，那就是撒切尔夫人在竞选活动最激烈的时候做出承诺，采纳独立委员会的建议，为公共部门的员工提供一个非常高的薪酬奖励，这就是所谓的"克莱格奖励"（Clegg Awards）。

一份关于增值税关键预算措施的预先报告后来成为我们

《观察家报》一大独家新闻。当时,我正和拉斐尔和汉密尔顿在新闻报道上密切合作。预算公布之前,在他们的怂恿下,我打电话给一位星期六在家休息的财政部官员,说:"我们听说增值税可能高达12%。"对此,他回答道:"怎么会只到这个数?"

这正是我们制作一个很好的独家新闻所需要的暗示。就我们而言,这也是公务员制度处于最佳状态的一个典型例子。我的对话者随后可以声称,如果有泄密调查,他没有泄露任何东西。这是最好的"指引",它来自一个值得信赖的人,他知道我们不会让他身陷困境。

撒切尔政府从上届政府继承了10%的通货膨胀率,发誓要坚决控制通货膨胀,但他们很快发现价格出现了螺旋式上涨,并直接导致豪爵士在1979年6月的第一份预算中出现错误。时至11月,零售价格指数已经接近21.9%,1980年5月达到峰值。

1979年11月的情况非常严重,财政部和英格兰银行认为除了提高银行利率(当时称为最低贷款利率)别无选择,从本已很高的15%升至17%。

当时,有一件事情正闹得沸沸扬扬,据传安东尼·布兰特爵士(Sir Anthony Blunt)——"女王的藏画鉴定人"——是苏联间谍和间谍招募者。英国广播公司记者安德鲁·博伊尔(Andrew Boyle)在一本书中对这一消息进行了一半的报道。之所以说是一半,是因为博伊尔提到这个间谍存在于高层,但出于法律原因或者至少是对英国严厉诽谤法的顾虑——博伊尔在书中实际上并没有提到布兰特这个名字。

《泰晤士报》尝试了一下，却把故事完全搞错了。他们得到消息说，那个即将被揭开面纱的剑桥大学导师的名字由五个字母组成，而首字母为B。于是，他们刊登了一篇引发巨大轰动的报道，清白无辜的国王学院的唐纳德·贝维斯（Donald Bevis）成了他们猜测的那个间谍。而最终发现真相的是由理查德·英格拉姆斯（Richard Ingrams）领导的《私家侦探》：不是贝维斯，而是布兰特。

记者们总是在寻找新的视角。本周利率的"冲击性"上升已经被详尽报道，但是，《私家侦探》对布兰特的揭秘多多少少转移了人们的注意力，布兰特成了人们关注的焦点。我突然想到要模仿约翰·勒卡雷（John Le Carré）写一篇荒诞风格的专栏文章，旨在传达这样的信息：在他们达成最后一笔交易之前，某种势力故意隐瞒了布兰特的秘密。他们其实已经确定了他的身份，而披露这一消息的目的就是转移人们对令人尴尬的利率上升的注意力。

顺便说一句，我从来没有见过布兰特，但我认识一些自认为很了解他的人。当他们发现他是一位间谍时，他们都十分的震惊——"太丢人了，胆小鬼。"

正如我们所看到的那样，保守党是在1979年上台的，之前工党刚刚经历了1976年的向国际货币基金组织借款危机和1978年至1979年的"不满的冬天"。但保守党又继续制造了另一场危机。处于在野党的位置时,他们对通货膨胀进行大肆渲染,而1979年6月的预算和相关措施却进一步加剧了英国经济的通货膨胀趋势。

这届英国新政府对财政部官员提出的合乎逻辑的建议不感兴趣,豪爵士和他自信的同事财政大臣劳森迷恋的是货币主义。他们也确实想设法说服自己,控制通货膨胀所要做的就是控制货币供应量,或者更严格地说,控制货币存量。然而,他们控制货币供应量的各种努力最终失败,导致利率越来越高。伦敦因此成为一个有利可图的金融中心,把钱存在这里,结果英镑涨、涨、涨,致使英国制造业的竞争力消失殆尽,失业率越来越高,第二次世界大战以后英国最严重的经济衰退随即到来。

作为传统的凯恩斯主义者,我对这项政策所依据的理论深表怀疑,尤其是对后来被称为撒切尔主义(Thatcherism)的狂热语调持批评态度。英国公众和媒体对工党政府失败的反应是如此之大,以至于在反对我最终称之为"施虐货币主义"(sadomonetarism)时,人们感到相当的孤立。

希利——当然,那时他又回到了反对党的位置——创造了"朋克货币主义"(punk-monetarism)一词,但是,"施虐货币主义"却是我首先在《观察家报》上使用的。该词引起了我在财政部和英格兰银行的一些新闻线索提供者的共鸣,即指控他们执行了连他们自己都并不真正相信的政策。

英格兰银行某些开明的官员进行秘密行动,帮助那些竞争力强、但生存受到高利率和英镑严重高估双重威胁的公司。然而，英国的大部分工业都破产了。撒切尔夫人及其团队成员就像热衷于传播自己观点的宗教人士。

我新闻职业生涯中最伟大的时刻之一就是遇见J. K. 加尔布雷思，他的《丰裕社会》我早在去剑桥大学之前就已经拜读过，而它从那时起就一直影响着我。一个人应该时刻谨慎对待他所称的"传统智慧"！

1979年，在撒切尔政府执政的第一个货币主义阶段，我的主编特雷福德向我建议，不妨尝试一下让加尔布雷思和货币主义最卖力的吹鼓手弗里德曼进行一场书面辩论。我写信给加尔布雷思——那时没有电子邮件——我收到的回复的大意是弗里德曼可能不会同意进行这场辩论。他是这样说的：我们两人相比，弗里德曼比我强壮，但我文章写得比他好。他不会同意和我进行辩论的。但你可以委托我写一篇文章，寄给他一份，并授予他答辩权。

加尔布雷思的文章于1980年8月正式发表，并在世界各地联合刊发。他写道：

> 实际上，英国自告奋勇成为弗里德曼货币主义（Friedmanite）的实验豚鼠。没有更好的选择了。英国的政治和社会制度是稳固的，英国人、苏格兰人甚至威尔士人都不愿意走上街头……这次实验还有其他一些优点。英国的社会服务和社会保险缓和了放在别

处可能难以应对的困难。英国人的痰是解怒的良药；而适当的失业保险制度也是如此。

我写信给弗里德曼教授，收到了一封回信，信是他口述的，由他的一位助理撰写成文后签名。就像我的一位同事曾经形容的那样，对于我们《观察家报》来说，它这就是一块"纯金"。

他拒绝了为我们写作的邀请，但随信附上了一份他被要求提交给议会委员会的一些书面证据，他说，这可能对我们有所帮助。实际上，他把一条重大的独家新闻放到了我们的桌子上。证据尚未公布，但其中包含了一条显著的信息：弗里德曼，货币主义的主要提倡者、撒切尔夫人心目中的英雄人物之一，声称自己与经济衰退时期政府削减预算赤字的政策毫无关系。

由豪爵士1979年预算案引发的这场施虐货币主义运动的结果，是英国出现了第二次世界大战之后最大的经济衰退，失业率不断上升，到1986年失业人数已经超过300万。对于第二次世界大战战时及战后的那代人来说，这是一个巨大的冲击，他们认为，在经历了20世纪20年代和30年代的恐怖战争之后，这种事情再也不会发生了。制造业受到的影响尤为严重，中部和北部的制造业更是首当其冲。这与随后1991年至1992年爆发的经济衰退形成了鲜明对比，那时英格兰南部的制造业受到的冲击更大。

有一段时间，情况变得十分糟糕，以至于帝国化工集团董事长去唐宁街询问撒切尔夫人是否希望他们留在英国。在那段时间里，我认识了后来成了帝国化工集团董事长的约翰·哈维-琼斯爵士（Sir John Harvey-Jones）。约翰爵士后来成了一位电视明星，在节目中，他走访英国的公司并直言不讳告诉他们做错了什么。他本人从未上过大学，但很喜欢成为布拉德福德大学的校长。他曾经告诉我，对他的职业影响最大的是"帕金森教授"。帕金森教授全名为C. 诺思科特·帕金森（C. Northcote Parkinson）——一个令人难忘的名字——他因帕金森定律而载入史册："工作扩展以填补完成工作所需的时间。"

不幸的是，虽然撒切尔政府表面上崇尚职业道德，但在推行导致数百万人失业的经济政策方面却毫不手软。早些时候，我曾被邀请去就业大臣吉姆·普赖尔（Jim Prior）位于圣詹姆斯公园车站对面的办公室。这位杰出的内阁成员一边喝着杜松子酒，一边和我交流。他问我："这个政府究竟想要干什么？"普赖尔——在我看来——是撒切尔夫人第一届政府中令人尊敬的大臣之一，撒切尔将他们称为自由主义者。他原本想对工会采取更加温和的态度，同时比撒切尔夫人更加同情希思。

当时的社会对于撒切尔主义者和施虐货币主义者缺乏平衡和客观判断。他们继续谈论工党政府——确切地说是希思政府——过去在试图"支持胜利者"方面的失败。他们似乎不知道其他国家的政府是如何成功与工业界建立起良好关系的，不知道干预不一定都是坏事。

似乎1973年至1974年的石油危机还不够，1979年至1980年另一场危机再次到来。物价上涨导致大多数石油进口国经济放缓，更确切地说是经济衰退，但他们的损失都无法与英国相比，不过，英国的经济危机主要是由自己造成的。在其回忆录中，普赖尔讲述了这样一个可怕的事实：

> 在撒切尔夫人执政初期，我就感到财政部的团队已经力不从心。他们都是理论家——要么是大律师，要么像劳森那样是新闻记者。他们连个小摊都没有摆过，更别提经营过什么规模可观的大公司了。他们对制造业的态度近乎轻蔑。他们同意内阁中其他货币主义者的观点，即作为一个国家，英国更适合成为一个服务型经济体，不应再担心生产问题。

普赖尔还感慨地补充道，"我们这个国家上大约有2300万潜在劳动力，我看不出在当前的状况下，英国政府如何来协调就业问题。"这句话事后证明是一个依据充分的预言。

这种非同寻常做法的背后隐藏着英国战后经济衰退的最大风险以及数十万失业者的无尽痛苦。然而，无论是1976年至1981年拥有《观察家报》的美国大西洋里奇菲尔德公司，还是其继任者英国罗荷集团，都不太赞同我对政府的批评。当听说我的工作受到威胁时，哈维-琼斯爵士（John Harvey-

Jones)便邀请了《观察家报》的主编特雷福德和一些同事——包括我在内——一起吃午饭。特雷福德一直在保护我,而哈维-琼斯——当时最主要的实业家——在编辑面前故意支持我,以防我职业生涯终结的谣言变成现实。

20世纪70年代末开始的一项欧洲发展计划将对撒切尔夫人与财政大臣劳森之间的关系产生重大影响。布雷顿森林体系崩溃后,法国和联邦德国决定建立欧洲自己的汇率制度。尽管20世纪初的尝试没有成功,但欧洲货币体系(EMS)还是在1978年至1979年建立了起来。其主要的拥护者包括联邦德国总理施密特、法国总统吉斯卡尔·德斯坦和暂时离开英国政坛担任欧盟委员会主席的詹金斯。欧洲货币体系的核心就是汇率机制,但工党拒绝加入,而劳森则醉心于自己财政大臣的权位。

关于施虐货币主义与英镑高估之间的联系,有这样一则具有讽刺意味的说法:1978年至1979年,希利否决了英镑加入欧洲汇率机制的决定,其中一个主要因素就是他们认为英国时不时地需要让英镑进行贬值——正如我们在论述1967年英镑贬值和1976年国际货币基金组织危机的章节中所看到的那样。

没错,汇率机制应该是"固定但可调整的",但联邦德国资深政治家曼弗雷德·拉恩斯坦(Manfred Lahnstein)坦言,他认为汇率机制是防止其他欧洲货币对联邦德国马克贬值的一种方式,希利对此印象深刻。

由于没有加入汇率机制,英国的经济政策制定者保留了允许货币贬值的自由，英国的通货膨胀率与其他国家的通货膨胀率以及价格竞争力相互脱节。他们没有料到的是，英国的通货膨胀率远远高于竞争对手，但汇率却急剧上升。

1979年英国外汇管制被废除，豪爵士将其视为自己最伟大的成就之一。这些外汇管制措施自第二次世界大战以来就一直存在，1966年7月被临时强化。所采取的一个可以理解的、但不受欢迎的措施，是对英国度假者允许带到国外的外币数量进行限制——颇具讽刺意味的是，官方还将其正式命名为50英镑旅行津贴。

英格兰银行一些高级官员一直在敦促英国取消外汇管制。当然，那些低级别官员并不太欢迎这样的建议，因为他们的本职工作就是进行外汇管制，所以他们担心取消外汇管制会导致他们失业。

废除管制完全符合撒切尔夫人、财政大臣豪爵士和财政部金融事务大臣劳森的自由市场理念。有点讽刺的是，这一做法得到了财政部官员的支持，他们认为这将有助于抵消高利率引发的英镑上升势头。

我承认，我个人认为取消管制是一个轻率的举动，未来一定会得到纠正。此外，我犯了一个错误，就是在我的专栏里清晰表达了这样的观点。事后证明，控制措施仍处于搁置状态，并没有真正实施。因此，豪爵士在公开场合或私底下总是不厌其烦地跟我说：你错了。事实上，自由市场智库经济事务研究所（Institute of Economic Affairs）曾举行过一些周年纪念会议，豪爵士给了我一个并无实际意义的荣誉身份，其目的就是让我看看自己错得有多离谱。

撒切尔政府执政初期，《观察家报》的一位同事拉乔斯·莱德勒（Lajos Lederer）为一事感到焦虑。时任工业大臣基思·约瑟夫爵士（Sir Keith Joseph）是我的目标之一，而他也是莱德勒的朋友。一天晚上，拉乔斯邀请我和约瑟夫爵士一起到康诺特酒店共进晚餐。席间，拉乔斯风扫残云般地吃了好几道菜，而约瑟夫爵士整顿饭只吃了一盘牡蛎。

这次宴请的目的似乎是想拉近我和约瑟夫爵士之间的距离。他不停地讲我们的"共同之处"。然而，他是右翼货币主义者而我不是，尽管这是一个非常文明的夜晚，基思爵士也很有礼貌，但我们之间的关系并没有太多的进展。最后，拉乔斯打圆场说，我们之间的关系在某种程度上取得了进展，如果大臣能给我他办公室电话的话，那我们就可以继续交流，从而增进彼此之间的友谊。于是，约瑟夫爵士在一个信封的背面潦草地写了些东西，然后把它交给我。第二天早上，我看了看他给我的电话号码，突然意识到他写给我的竟然是贸易工业部（DTI）的总机号码。

约瑟夫爵士很古怪，他认为自己任职的贸易工业部应该被废除。他似乎没有意识到，绝大多数其他政府，包括崇尚"自由市场"的美国，都与工业保持着密切的关系，更别说由艾森豪威尔总统命名的军工联合体了。值得注意的是，改变了我们生活的互联网并不是由约瑟夫爵士笃信的那种市场力量催生的，而是美国政府巨额军事投入产生的结果。

最终，贸易工业部并未被撤销，而这位奉行不干涉主义的大臣继续为官，不过改任了教育大臣。几年后，在写《撒切尔夫人的经济实验》（Mrs Thatcher's Economic Experiment）一书时，我去了他的办公室。当我询问他关于撒切尔主义起源的看法时，他耐心地给我进行了解释。这本书的构思来自伊恩·吉尔摩爵士（Sir Ian Gilmour）和彼得·沃克（Peter Walker），而且他们还给了我足够多的帮助。他们都是撒切尔政府的内阁成员，自己出版这样的书是不可能的。正如沃克有一天在午餐时说的那样，"你必须写出一本书来。""什么书？""我不能写的书。"

在书中，我把约瑟夫爵士描述成约翰——撒切尔夫人的得力助手。事实上，约瑟夫爵士曾在某个时期认为自己是保守党的潜在领袖。他发起了一场所谓的反革命运动，即对抗20世纪70年代初期和中期的"企业"正统观念。这种观念存在于威尔逊和希思执政时期。然而，约瑟夫爵士发表了一些未经深思熟虑的讲话，主张提高失业率来解决通货膨胀问题。

颇为有趣的是，一些被迫执行他们并不相信的政策的官员很高兴与我交谈，当然这些谈话都是秘密进行的。他们认为将其所作所为展示给公众——所谓的"敌人"——是值得的。其中有一个消息来源对我来说非常重要，该人士坚持要在莱斯特广场附近的一家专营咖喱菜的餐厅见面，我们都很确定在那里不会遇到任何认识我们的人。

从1980年到1981年，失业率不断上升，最终升至10%，但这并没有阻止豪爵士于1981年3月推出通货紧缩预算。这成了之后出版的书籍和举办的研讨会的争论焦点，当然毫无疑问也是当时极具争议的话题。

那时，英国政策制定者关注的焦点不是如何解决失业问题，而是设法降低公共部门的借贷需求。由于严重的经济衰退，借贷需求的数字已经很高。经济衰退不可避免地对英国政府税收产生了影响，当时的税收已经低于正常水平。这也意味着失业和社会保障支出势必会进一步扩大英国赤字规模。

多年之后，人们对1981年的预算案进行了集中反思，并将其谑称为"扩张性财政紧缩"。这个短语是和我立场一致的某个人发明的，人们认为在经济衰退时期削减公共部门借贷需求的做法适得其反。财政紧缩？扩张？还是……

1981年3月，364位经济学家联名给《泰晤士报》写了一封信，公开声称这一切都是错误的。此后，1981年英国预算案的支持者们便开始无休止地嘲笑那些经济学家，说他们大错特错，声称这一预算是英国经济开始复苏的标志。

从某种程度上来说，1986年之前失业率一直在上升的确是一个不争的事实。1983年撒切尔政府的连任与其说得益于奇迹般的经济复苏，不如说得益于其反对派的虚弱以及1982年马岛战争之后撒切尔夫人命运的复苏。

对于大多数英国选民以及工党的一些中间派人士来说，工党走得太偏左了。因此，在詹金斯的领导下，他们脱离工党成立了英国社会民主党（SDP）。关于1983年的工党选举宣言，出现了一起颇具争议性的事件，那就是，著名工党议员杰拉尔德·考夫曼（Gerald Kaufman）将其形容为"历史上最长的自杀笔记"。除此之外，在迈克尔·富特（Michael Foot）的主导下，该宣言还呼吁退出欧洲经济共同体，同时要求英国实行进口管制以及单方面进行核裁军。

鉴于英国国内的经济危机及其明显的冷漠态度，撒切尔夫人被认为是有记录以来最不受欢迎的首相。早在希思政府时期，人们就不喜欢她，因为她力主取消学校免费供应牛奶。然而，她对货币主义的坚定态度以及对失业和削减公共支出所造成的社会问题的漠视致使其被英国公众所抛弃。但是，马岛战争给她政治命运带来了转机，具有讽刺意味的是，迈克尔·富特在这次战争冒险中给予了她大力的支持。

第一个跟我讲撒切尔夫人是最不受欢迎的首相的人是吉尔摩爵士，后来的吉尔摩勋爵（Lord Gilmour）。吉尔摩是著名的"自由主义者"成员之一——"自由主义者"是撒切尔夫人给内阁中持不同政见的成员贴上的标签。1981年9月，吉尔摩被解职，原因是他对撒切尔夫人，特别是对1979年和1981年的预算表达了不满。在撒切尔夫人执政初期，通过我的同事、《观察家报》政治编辑拉斐尔的安排，我和吉尔摩曾在皇家汽车俱乐部共进午餐。

我们很快便彼此信任，成为真挚的朋友。我永远也不会忘记第一次见面的情景，我到达之后，拉斐尔将我介绍给吉尔摩，并给了我一杯开胃酒。一开始我以宿醉为由拒绝了。"别瞎扯了！"吉尔摩说，"你需要的是解宿醉的烈酒，以毒攻毒！"吉尔摩是剑桥大学经济学教授韦恩·戈德利（Wynne Godley）的朋友，而戈德利也是我的朋友。我们都是英国政府的批评者，经常一起共进午餐，还经常打电话相互支持。

让我们回到1981年的英国预算。戈德利是364位写信给《泰晤士报》谴责通货紧缩预算的经济学家之一。让故事变得更加复杂的是，364位经济学家并不知道私底下还有一个未被公开的计划——降低已经上升到令人眩晕高度的汇率。伴随着相关的利率下调，这无疑是一个扩张性举措，但364位经济学家对此一无所知。有人认为，如果他们知道这一点的话，那么他们就不会写那封信了。

的确，经济政策发生了变化。尽管因为政治目的太过明显致使策略的改变从未被承认，但严格的货币主义措施开始放松。这次放松的关键人物是艾伦·沃尔特斯爵士（Sir Alan Walters），他既是撒切尔夫人的私人经济顾问，又是华盛顿世界银行的职员，不过，他很好地将这两个身份结合在了一起。这意味着他要经常乘飞机飞越大西洋，而且还对被高估的英镑了如指掌。

长话短说，沃尔特斯爵士不接受因英国新晋为产油国而高估英镑实力的观点。他指出，一项研究得出的结论是，"石油货币"地位至多可以占英镑实力的15%至20%。

英镑在未来几年的贬值以及利率的降低抵消了1981年通

货紧缩预算造成的影响，同样，取消分期付款和信贷管制也产生了同样的效果。然而，当364位经济学家在那封著名的信上署上自己姓名的时候，他们并未获得这些信息。此外，尽管1981年英国预算案的许多支持者坚持认为它标志着经济复苏的开始，但这种复苏几乎没有产生什么轰动效应，英国失业率在1986年之前一直在上升就是一个很好的证明。

1981年的预算案在当时颇具争议，而在学术界的争议则一直延续到今天。豪爵士在提交这份预算时，不仅面对着来自凯恩斯主义者的批评，而且还面对着主要货币主义者弗里德曼的批评，后者认为在经济衰退之际削减公共部门借贷是错误的。2010年至2016年奥斯本任财政大臣期间也面临过同样的问题，"扩张性财政紧缩"一词成为当时的流行语。然而，扩张实际上是由货币政策适得其反的放松引起的。相关争论持续至今。例如，奥斯本的支持者试图通过货币扩张话题来为他早年的财政紧缩政策辩护。但实际上似乎没有多少资金流入工业领域，经济复苏的步伐极其缓慢。

不久之后，1979年至1982年爆发了第二次世界大战以来最大的一次经济衰退，随后便出现了所谓的"劳森繁荣"。十多年过去了，货币主义大师弗里德曼终于否定了撒切尔和豪爵士早期经济政策所依据的经济学说。2003年6月，在"与《金融时报》共进午餐"栏目中，弗里德曼承认："以货币数量为目标的做法并不成功。如果放到现在的话，我不确定自己是否会像以前那样去推动它。"

1983年至1989年：
劳森繁荣与萧条，及撒切尔余波

当英国经济政策涉及欧洲问题时，总是需要从好几个政治维度来对其进行探讨。政党之间或者政党内部通常存有分歧，正如2016年6月23日公投以来出现的极度混乱局面那样，人们很少将强烈的情感隐藏起来。

此外，第二次世界大战之后的几十年里，无论是哪个主要政党执政，英国政策制定者都必须通过经常意见相左的国家部门开展工作。例如，关于汇率机制的决定和谈判，英国外交部总是比财政部更为亲近欧洲。这在某种程度上反映了另一种分裂，即经济学家和非经济学家之间的分裂。

然而，经济学家们在欧元问题上也存在分歧。我认为，我遇到的大多数人都对欧元区的结构感到不满，认为那是政治对经济的胜利。当然，也有一些明显的例外。威廉·布伊特（Willem Buiter），一位杰出的经济学家、英格兰银行货币政策的创始成员之一，就非常赞成我们加入欧元区。他还曾送给我一条带有欧元装饰的领带，试图说服我。

我是通过妻子希拉里和布伊特相识的，当时他正在伦敦经济学院教书。有一次，当我们和他及其妻子在伊斯灵顿区（Islington）一家名为格拉尼塔（Granita）的餐厅吃饭时，他拿出了那条领带给我。据说，布莱尔与戈登·布朗就是在该餐厅确定了事关工作交接的《布莱尔-布朗协议》，该协议也以该餐厅命名,通常被叫作《格拉尼塔协定》。格拉尼塔餐厅的音响环境并不理想——我觉得,这在现代伦敦餐厅并不罕见——我们都在努力想要听清楚对方所说的话。考虑到布莱尔和戈登·布朗两人之间缺乏信任,彼此不睦,因此布伊特说:"你认为这里的音响环境是布莱尔和戈登·布朗在接班问题上产生误解的根源吗?"

尽管当时有许多人谈论《格拉尼塔协定》——也许并不存在——但双方随后都表示,到他们一起在伊斯灵顿吃饭时,一切早已尘埃落定。戈登·布朗在回忆录中明确了这一点:本着还原事实的原则,我曾经问过格拉尼塔餐厅的女主人是否有什么东西要补充。她回答说,当时看起来非常无聊,"他们大部分时间都在仔细研究那些电子表格。"

布伊特是荷兰人,和许多欧洲大陆人一样,他对通过经济手段把欧洲团结在一起感到很激动——毕竟,那是一些像法国官僚让·莫内(Jean Monnet)一样的开国元勋们追求的目标。

我与莫内曾有过一面之缘。当时《金融时报》在帕克巷一家酒店举行周年庆典,他是受邀出席的嘉宾之一。我站在迎宾队伍里,当他走到我跟前时问了我一个问题:英国加入欧洲货币体系是否是认真的。我发现自己是这样回答的:"我不敢肯定。"

1972年春,面对当时被称为货币"蛇"的、刚刚成型的欧洲固定汇率机制,英镑经历了一次短暂却结局悲惨的冒险。那次努力失败了。与其他货币结合的机会直到1978年在准备建立汇率机制的过程中才再次出现。人们通常怀疑,是外汇市场的投机压力迫使英镑逃离了那条"蛇"。之后，一些像卡尔多那样的经济学家对英镑有望摆脱国际收支限制表示祝贺。但正如我们在前面章节中看到的那样，事情并没有变得太好。

如前所述，下一个事件便是在联邦德国总理施密特和法国总统吉斯卡尔·德斯坦的领导下，筹备建立欧洲货币体系和汇率机制。他们得到了英国前财政大臣、后任欧盟委员会主席詹金斯的大力支持。

问题是：英国会加入吗？

事实证明，在这种情况下，政治和经济是一个统一体。新闻界大肆鼓吹：众所周知，英国首相卡拉汉和联邦德国总理施密特相处得非常融洽。在似乎没完没了的欧洲峰会和双边会议之后，高潮预计是在波恩举行的双边会谈，两人会宣布英镑将加入拟议中的欧洲货币体系。1978年10月，英国首相府举行了一次记者招待会，我代表《观察家报》出席。两位领导人步入大厅。我们屏息静气等待他们发布声明，但剧情出现反转，结果令人大失所望："我们一直在讨论纳米比亚局势……"

尽管有许多疯狂的猜测，但卡拉汉政府的一位大臣直截了当地表达了英国问题的本质。在那起事件或者说那起不愉快的事件发生之后，时任财政部会计长、后任贸易大臣的埃德蒙·戴尔曾这样总结道："这个问题的政治性已经足够清楚了。加入汇率机制会导致英国工党和政府分裂。在这样一个时刻，不能在欧洲问题上再次出现分歧。"1973年，工党在加入欧洲经济共同体的问题上就出现了分歧——当时，决定权完全掌握在希思为首的保守党政府手中——1975年，工党首相威尔逊巧妙地利用全民公决的方式使英国继续留在了欧洲经济共同体。尽管成功地跨越了这个障碍，但当新的欧洲货币体系被提出来时，人们对英国的这次欧洲冒险再次表示怀疑。

制度背景也是影响英国加入欧洲经济共同体的重要因素。从传统上来说，财政部对欧洲的大多数事务都持有怀疑态度——尽管多年之后面对脱欧危机，所有人都担心布鲁塞尔的运作方式，但财政部（在我看来，这是正确的）强烈反对牺牲我们经过几十年努力才获得的该机构的成员资格。然而，在1978年至1979年，尽管经历了1976年恐怖的英镑危机，财政部（我认为这也是正确的）主要担心的是如果将英镑纳入汇率体系，英国政府将不能随意操纵英镑汇率。

至少有两点颇具讽刺意味：第一，虽然汇率机制旨在为欧洲提供一个"货币稳定区"，但它却被设计成一个"固定但可调整"的体系，看上去更像其雄心勃勃的祖先——布雷顿森林体系。因此，从理论上来讲，贬值的选择总是存在的——法国人就曾使用过。

第二，事实证明，其后几年英国经济政策面临的主要问题是英镑的持续升值，如果我们加入欧洲汇率机制，英镑升值无疑会受到抑制。时任联邦德国央行行长奥特马尔·埃明格尔（Otmar Emminger）将近几年英镑的走势进行了这样的描述，"英镑是近代货币史上迄今为止价值最为过度高估的货币。"

还有一个人们深信不疑的荒诞说法，是1979年至1981年英镑大幅升值有两个原因：一是发现了北海石油；二是英镑成了"石油货币"。但是，正如我们在前一章中看到的那样，其他拥有石油的国家并没有经历类似的事件。随后的一项研究证实，石油对英镑升值的贡献不足五分之一。很大程度上，英镑升值是当时流行的货币主义理论所要求的利率大幅上升造成的。

如今，在制定经济政策问题上，一些私人谈话对英国大臣们产生的影响可能是任何官方文件或冗长的会议都无法比拟的。如前一章所述，希利关于汇率机制的判断就是一个典型例子。希利是一位自信的财政大臣，他在回忆录中透露，影响他做出最终决定的是联邦德国国务秘书拉恩斯坦向他坦率承认了他们建立汇率机制的真正动机。拉恩斯坦本人对汇率机制充满热情是因为他认为该机制可以抑制任何使联邦德国马克升值的市场趋势，"这样一来"，正如希利在回忆录中所说的那样，"联邦德国将保持更强的竞争力，而其他国家则恰恰相反"。

英国外交部强烈赞成加入汇率机制，而英格兰银行，用希利的话说，"温和赞同，因为他们认为这样做会对英国政府施加有益的约束"。希利的观点很关键，他说："我是一个坚定的不可知论者，但经过与拉恩斯坦等人的长期讨论之后，我最终明白了该机制的运作模式；然后我就开始反对它。"

最终，经过一次典型的外交妥协，英国政府同意加入欧洲货币体系,更准确地说加入了欧洲汇率体系,或称为汇率机制(ERM)。

因此,当英镑危机在多年后的1992年9月16日"黑色星期三"爆发时,虽然工党当时非常亲欧,但不应受到指责——我们将在下一章讨论这一点。由于撒切尔政府最重要的反通货膨胀政策——即货币主义——的严重失败,加入汇率机制且处理不当的耻辱落到了保守党的头上。这便是英国在制定经济政策时,试图将寻求灵丹妙药与追求轰动响应相互融合的经典案例。汇率机制成为最新流行的灵丹妙药。因为,正如梅杰爵士在回忆录中遗憾地记述的那样,1990年,在英国政界、金融界和工业界,很难找到不赞成加入汇率机制的人,这与许多人事后发表的评论形成了鲜明对比。

成为汇率机制的成员是保守党惯常做派的极好例证:即当新采用的理论在实践中被证明不令人满意的时候,他们会改变立场。1979年至1981年,保守党政府没有通过减少货币供应量来控制通货膨胀,致使其实际上翻了一番。撒切尔夫人及其自信的财政大臣劳森对市场神奇力量的信仰受到外汇市场事件的严峻考验。

20世纪80年代有两起影响深远的事件促使撒切尔夫人和财政大臣劳森调整他们对金融市场的看法。第一次是在1985年1月,英镑贬值几乎达到了1英镑兑换1美元的"生死攸关"的水平。必须强调的是,这种情况的出现与其说是因为人们对英镑缺乏信心,倒不如说是因为人们对美元过于信赖。这种对美元的过度信赖导致了当年晚些时候的"广场协议"（the Plaza Agreement）的诞生。七国集团主要财长（别忘了它们的央行行长）决定采取一项集体政策，阻止美元升值，并将其降至不会削弱美国出口和导致去工业化的水平。

英镑跳水催生了一件极为滑稽的趣事。伯纳德·英厄姆（Bernard Ingham）——一个不讲情面的约克郡人、撒切尔夫人的首席新闻官——周末举行了一场新闻发布会。《观察家报》的政治编辑、我的朋友和同事拉斐尔出席完发布会后，回到当时还在巴特西公园对面的报社。他带回的消息是：据英厄姆所言，撒切尔夫人对市场力量深信不疑，如果英镑跌至1美元或以下，那就顺其自然吧。

对于这样的消息，亚当自然持怀疑态度，所以就征求我的意见。我同意他的看法，几个私人电话之后，我们被说服可以在星期日写篇文章，说财政部将通过其代理英格兰银行对市场进行干预，从而避免1英镑兑换1美元的耻辱。那个月，撒切尔夫人甚至向其朋友里根总统寻求帮助，希望他能够为英镑提供支持。

那个周末发生了一些滑稽的事情。其他绝大多数报纸报道的都是英厄姆版本的政策，而当时财政部那位才华横溢、行事懒散的新闻秘书也未能给他们提供任何帮助。这位新闻秘书没有主动和记者见面，据传他根本就不在岗。

英镑兑换美元没有跌至1，最终反弹回升。我随后会见了一位银行界的朋友，他说，比起其他媒体，他更相信我们的报道,并说他在那个周末的外汇市场上赚了很多钱。

正是在1985年,财政大臣劳森认识到其控制货币供应的企图是一个既不稳定也不可靠的做法,开始不遗余力地想把英镑纳入汇率机制当作下一个抑制通货膨胀的灵丹妙药。

他私底下尝试说服撒切尔夫人,也积极与其他大臣和官员们进行会晤,包括1985年秋天的一次会晤,当时大多数同事都被他说服了。最后,撒切尔夫人总结道:"赞成者七,反对者一——反对者胜出。"关于欧洲的大多数事务,她一直保持着战斗状态,并且乐此不疲。但谈到汇率机制时,她却受到沃尔特斯爵士的巨大影响,沃尔特斯爵士将汇率机制蔑称为"半生不熟"的东西。

1986年前几个月,石油价格急剧下跌。劳森和财政部利用这个机会开始默许英镑温和贬值以提高出口竞争力,认为油价下跌将会抵消英镑贬值对价格产生的影响。

然而,在第二次世界大战后英国经济政策制定过程中,每一任财政大臣都会发现自己终将陷入一种——用那句熟悉的话来说就是——本应该"谨慎对待自己愿望"的境地。金融市场还是那个金融市场,20世纪80年代初催生了"近代历史上最为过度高估的英镑",如今却对英镑再次失去了信心。

1986年9月,世界银行与国际货币基金组织年会在华盛顿召开,劳森找到了联邦德国央行行长埃明格尔的继任者卡尔·奥托·珀赫尔(Karl Otto Pöhl),寻求帮助。

然而,他却遭遇了尴尬。珀赫尔告诉他,联邦德国央行的政策不是将英镑作为外汇储备，但为了支持这一汇率，联邦德国央行很乐意作为英格兰银行的代理购买英镑。

在第二次会议上，珀赫尔答应向英国提供一笔马克贷款。我当时也在华盛顿报道这场会议，我的记忆是，这些私人会晤——我想，其中一次是在联邦德国央行下榻的四季酒店的豪华套房里举行的——直到很久以后才引起公众的注意。劳森，一个骄傲的人，这件事让他感到羞耻。他开始更加清晰地意识到英镑没有加入汇率机制的弊端——关键是货币主义已经被证明在控制通货膨胀方面是失败的，汇率机制所提供的稳定性开始引起他的注意。让他感到更为难堪的是，他非常清楚地记得那一年早些时候珀赫尔曾经发表演讲，敦促英国加入汇率机制！

劳森后来承认，1986年"对英镑来说是糟糕的一年"。

1987年2月，劳森又试图说服首相，不过首相对他的建议不太感兴趣。就在那一月，七国集团认为外汇市场已经发挥了最大效能。1985年9月签署的"广场协议"也达到了目的：美元已经跌到一个更合理的水平，对美元高估将导致美国经济大规模非工业化的担忧已经消除。调整已经到位。货币市场现在需要的是一段稳定时期。

为了稳定货币市场，七国集团财长和央行行长在巴黎卢浮宫就一项协调一致的干预政策达成协议，该协议被称为"卢浮宫协议"（the Louvre Accord）。

劳森很享受这个国际金融舞台，尤其是与美国财政部长詹姆斯·贝克（James Baker）相处得特别好。七国集团的讨论和协议使他返回伦敦后开始实行一项政策，这项政策后来被称为"联邦德国马克的阴影"（shadowing the D-Mark）。

值得注意的是，阴影实验进行了很长时间之后，其目的才被看穿。劳森一直希望通过给人们灌输英镑与联邦德国货币可以共谋发展的理念，来展示未来加入欧洲汇率机制可以给英国带来的好处。从某种意义上说，在他看来这只是一次尝试性运作。但当撒切尔夫人终于弄明白他和财政部的代理人英格兰银行究竟在干什么时，她愤怒得几近疯狂。

那是1988年春天。而早在1987年3月，即"卢浮宫协议"签署后一个月，我就在《观察家报》上报道了这个故事。标题是《预算前的秘密英镑交易》，文章的主要内容如下：

> 据了解，上个月在巴黎举行的五国集团会议期间，英国和联邦德国就英镑与联邦德国马克的兑换达成一个秘密目标区……人们认为，英格兰银行和联邦德国央行达成协议，决定对市场进行干预，使英镑兑联邦德国马克大致控制在1：2.75至1：3.05。

两星期之后，这一点再次被强化。有消息称"英国政府正在实施的经济政策给人留下的印象是，英镑已经被纳入欧洲货币体系的汇率机制之中。其实，劳森希望在6月大选后不久再将英镑正式纳入汇率机制……"

我之所以详细地引述这句话，是因为在翻阅档案时我有了一个惊人的发现。上述情况出现一年之后，撒切尔夫人才知道发生了什么，于是她怒不可遏。很显然，撒切尔夫人没有读过《观察家报》商业专栏里的文章，而她的新闻秘书也没有让她注意那个栏目。现在，他们可能会说，你的记忆不准确，但我倒是认为我的记忆力相当地好。然而，我1987年3月的报告影响甚微，连我自己都忘了。因此，一年后，当一位高级官员在午饭后喝咖啡时问我是否注意到英镑正在成为联邦德国马克的阴影时，我做出了如下的反应：

"哎呀！没有，我没有注意到。多么好的一条新闻呀！"

撒切尔夫人和她的经济顾问沃尔特斯爵士现在都意识到了财政大臣的真正意图，他们非常生气。首相她不喜欢欧洲汇率机制，一方面是因为它是欧洲的，另一方面是因为它是一种汇率机制。就是在这个时候，她说出了那句广为引用的话"你不能逆市而行"——其实，早在1985年1月她就曾下令采取干预措施，成功阻止英镑兑换美元跌至1。

在经历第二次世界大战以来最严重的经济衰退之后，英国通货膨胀率从1980年第一届撒切尔政府执政时最高的21%下降到1983年大选时的大约3.5%。在那之后，它又开始上涨。劳森1988年的减税预算为其提供了新的动力。尽管劳森也曾与货币主义者"眉来眼去"，并且产生了破坏性后果，但从本质上来说他是一个扩张主义者。到1988年时，他已经深受人们的欢迎，作为财政大臣的他将被载入史册。他把税率的标准降到了一个非常低的水平，致使几年后戈登·布朗面对提高税率的问题时颇感棘手。正如我们在前文中"1979年至1982年：施虐货币主义与撒切尔衰退"看到的那样，直到1979年英国的税率一直高得离谱，是豪爵士将其降至60%。劳森1988年的预算将其进一步削减至40%，在新工党执政的绝大部分时间里一直维持这样的水平，直到金融危机爆发。这对人们看待税率水平的态度产生了惊人的影响，但也阻碍了我们这些认为英国的税率应该更接近欧洲大陆的水平以改善公共服务的人们的努力。

然而不幸的是，对于劳森来说，他之所以作为财政大臣被载入史册，是因为像之前的莫德林一样，让繁荣失去了控制。但是，他1989年秋天戏剧性的辞职与其说是因为经济繁荣，倒不如说是他与撒切尔夫人及其经济顾问沃尔特斯爵士在汇率机制上意见相左造成的。

1992年："黑色星期三"

英国财政部和英格兰银行习惯在文件上使用人们名字的首字母来指称他们。理查森从未将道的首字母写对过。他习惯把它写成C.J.R.，但正确的顺序应该是J.C.R.D.。当得知劳森辞职之后，其继任者将会是J.M.时，白厅顿时陷入一片困惑。J.M.肯定代表的是著名保守党议员约翰·麦克格雷戈（John MacGregor），此人一直对经济事务兴趣浓厚，也确实曾在财政部担任过首席秘书,负责控制公共开支。但事后证明,撒切尔夫人选择担任财政大臣的人是梅杰。首相撒切尔夫人似乎把梅杰天生的彬彬有礼误认为是赞成她所有的主张,于是选择了他,用她最喜欢的一句话来说,就是相信他是"我们中的一员"。

1990年,当撒切尔夫人退出政治舞台时,她给大家透露出来的消息是她喜欢梅杰成为其继任者。尽管梅杰在1991年12月在马斯特里赫特(Maastricht)通过谈判成功地解决了英国退出单一货币的问题,但她和她的助手们在首相任期的大部分时间里都在削弱他的权威,认为他过于"欧洲化"。

令许多人感到惊讶的是,梅杰只做了一年的财政大臣,然后便成为首相。我以前常开玩笑说,作为财政大臣,梅杰只做了三件事:他提出了一个预算;他连续十一个月保持利率在同一水平;他把英镑纳入了欧洲汇率机制——也就是说,他做到了劳森未能做到的事,最终成功说服撒切尔夫人放弃对汇率机制的抵抗。

当然,这不只是梅杰一个人的功劳。当时就加入汇率机制已经形成了共识,只不过梅杰在其中发挥了领导作用而已。动机是复杂的。劳森和一些人认为,货币主义已经被证明是一个可悲的失败,汇率机制是英国控制通货膨胀的有效武器。其他人,尤其是外交部,之所以同意加入该机制主要是因为他们亲欧。

财政部、英格兰银行、英国工业联合会和许多严肃的媒体都赞成加入汇率机制。关于加入汇率机制的背景,我听到了一些并非完全不可相信的有趣版本。第一个版本是：撒切尔夫人最终筋疲力尽，放弃抵抗。第二个版本是：与一般印象相反，她最终对加入汇率机制充满热情，不停追问负责此事的官员，"我们什么时候加入？我们什么时候加入？"撒切尔夫人的版本是：她是被迫同意加入汇率机制的。1992年9月16日，所谓的"黑色星期三"，英国政府在捍卫英镑的战争中惨遭失败，证明她一直反对劳森加入汇率机制的倡议是正确的。英格兰银行的版本是：当时，1990年秋天，撒切尔夫人迫不及待地想要降息，一再要求英格兰银行遵从她的指令。但是，当英国政府在货币政策方面普遍丧失公信力之后，该行坚持认为短期利率下调将引发长期利率的上升，因为市场会认为财政部和英格兰银行在通货膨胀问题上已经"态度软化"。相比之下，有人认为，加入汇率机制将会降低联邦德国式的通货膨胀水平。不幸的是，当时德国统一对通货膨胀产生的影响没有被纳入考虑的范围。

在这致命的一天到来之前，撒切尔夫人和她的经济顾问沃尔特斯爵士为加入汇率机制设定了一个条件，即当英国接受"马德里条款"（Madrid terms）时——此名称取自欧盟峰会举办地——通货膨胀率应该会下降。但1990年初秋，通货膨胀率并未下降——事实上，当年通货膨胀率从8月份的10.6%上升到了9月份的10.9%。

10月在华盛顿举行的世界银行和国际货币基金组织年会上，财政大臣梅杰在英国代表团办公室按惯例举行了记者招待会。在这种情况下，会议议程应该主要集中在国际会议上所发生的事情，但不幸的是，议程却几乎都集中在英国国内事件上。当意识到我们距离汇率机制越来越近时，我问梅杰，马德里的条款是否已经进行"季节性调整"。他大笑起来，我推断他们——也就是说——英国政府已决定申请将英镑纳入汇率机制了。我想写一篇关于这件事的预测性报道，但另一位财经记者提醒大家谨慎行事，所以我就忍住没写。我相信他的建议是善意的，但我应该对自己的判断更有信心。

这一决定不久之后便被公布。当在专栏中对它进行抨击时，我感到相当的孤立，我认为我们是以错误的汇率，因错误的理由，在错误的时间加入了汇率机制。

早些时候，联邦德国央行行长珀赫尔半开玩笑地告诉我，英国控制通货膨胀的唯一方法是加入欧洲汇率机制，而等到通货膨胀率下降后再采取行动可能需要很长时间。

众所周知，在欧洲单一货币形成之前德洛尔委员会（the Delors Committee）举行讨论期间，撒切尔夫人曾经告诉英格兰银行行长利-彭伯顿依照珀赫尔的意见行事。虽然之后她对珀赫尔的敬佩之情有所减少，但她最终还是听从了他的建议。撒切尔夫人对整个事件心存疑虑，但令她感到惊讶的是，珀赫尔最终还是认同了这样的安排。而且，在服从指示和追随珀赫尔的过程中，用一位官员的话来说，利-彭伯顿"被同化了"。

珀赫尔坚持认为，计划中的欧洲央行（European Central Bank）应该建立在至少与联邦德国央行一样严格的法规之上。这意味着,在欧洲稳定与增长协议签署的背景下,单一货币从一开始就有通货紧缩倾向。将"稳定"一词放在"增长"之前并非毫无意义,其目的是鼓励制定"健全的"非通货膨胀经济政策。在众多欧洲公报中,最受欢迎的一个词便是"可持续的"。

珀赫尔开放、坦率、极具个人魅力,对英国记者来说,他就是一份礼物。一次周中,他告诉我联邦德国央行将在第二天改变利率——金融市场的一个热门话题——但我当时为《星期日泰晤士报》工作,不过,他相信我不会告诉其他任何人。我还认识他的前任埃明格尔,埃明格尔如此热切地想把我从他认为的猖獗的凯恩斯主义中解救出来,以至于他用了好几个小时来说服我,结果却徒劳无功,还让我耽误了飞机。不过,我在法兰克福机场找到了一间新闻办公室,在等待下一个航班的漫长过程中,这里让我感觉像在家里一样舒适惬意。

这些关于英国经济政策的回忆录的主题之一,是在宏观层面上,英国的政策制定者一直担心会出现通货膨胀。在很长一段时间里,这与试图控制工会过高的工资要求有关。三天工作制、"不满的冬天"以及矿工罢工等危机都是某种反通货膨胀政策失败的结果——英国这种政策形式多种多样,而且都是在走投无路的情况下制定实施的。

另一个相关的主题是关于提高生产力的零星尝试。当时的想法是,如果能够提高生产效率,那么不仅总体生活水平可能提高,而且通货膨胀的压力也会减少。不幸的是,这种尝试——20世纪60年代的英国"国家计划"（the National Plan）以及20世纪70年代初期所谓"巴伯繁荣"带来的快速增长——都没有能够消除通货膨胀问题，而通货膨胀的结果是，成本通货膨胀对英国出口产品国际竞争力产生影响，从而导致国际收支问题。

顺便说一下，有一种经济学家，主要是货币主义者，认为一旦通货膨胀得到控制，一切都会好起来，这是关于经济领域最具讽刺意义的认知之一。正如我在2018年所写的那样，现在的通货膨胀不是一个明显的问题，但经济的其他方面却问题多多。

"黑色星期三"的惨败让我特别感兴趣，因为在我的经济报道生涯中——主要是报道英国经济，当然还有欧洲和世界经济——我一直对汇率颇为着迷。

我的兴趣是一点点培养起来的。十一岁的时候，我获得了《科克考察家报》的论文奖，所得奖金为半克朗——两先令和六便士——爱尔兰邮政汇票。当我把这张汇票呈交给邮编为伦敦SW20雷恩公园邮局时，我感到震惊，甚至可以说是恐惧。他们给了我两先令和三个半便士（我这里说的是英国1971年币制改革之前的"旧币"，但不是与贵族相关的"旧富"①）。

从那以后，我就一直对外汇交易的成本，以及不断出现的

---

① old money，意为"旧币"，也指"家底雄厚的人"。同样，new money，意为"新富"。——译者注

被敲诈的危险颇感兴趣。当然，还包括汇率变动。事实上，1967年至1976年，作为《金融时报》的经济记者，我的日常工作之一就是报道市场上令人兴奋的投机活动期间的汇率变动。从斯科特·菲茨杰拉德（Scott Fitzgerald）那句著名的调侃"富人不同于你我"中，人们很早就发现，市场上投资和投机资金的大掌门人所收取的佣金或交易费用要比普通公众优惠得多。

如今，人们对英镑和美元或英镑和欧元之间汇率一天内百分之几的变动毫不在意。但是，20世纪60年代末至70年代初，在布雷顿森林体系"固定但可调整汇率"体制下，我经常在头版发表文章，报道英镑和美元、联邦德国马克、法国法郎之间只有1%的汇率变化。

从某种意义上说，我是在布雷顿森林体系下成长起来的经济记者，而布雷顿森林体系是在凯恩斯的影响下，为了应对两次世界大战之间令人恐怖的经济困局而建立起来的。为了该体系的正常运作，它需要对资本流动进行控制：这种流动造成的影响可能远远超过普通贸易货币流动造成的影响。我们已经看到了威尔逊政府为避免发生变化，比如1967年英镑贬值，所付出的努力，而事实上这些变化是必要的。布雷顿森林体系于1971年至1973年逐渐崩溃。当时，尼克松政府不再准备支持其他货币对美元的汇率，而美元本身已经贬值——全世界开始实行"浮动利率"。

一旦世界上的重要发达国家开始采用浮动汇率，那么汇率可能会出现疯狂的波动。20世纪70年代，正是对这些问题的关注促成了施密特总理、吉斯卡尔·德斯坦总统和詹金斯决定在欧洲推行"货币稳定区"，从而建立了欧洲货币体系。

当财政大臣劳森为英国加入汇率机制进行大力宣传时，反对的声音此起彼伏。其中一个主要反对者就是他讨厌的沃尔特斯爵士——撒切尔夫人的经济顾问。沃尔特斯爵士认为，汇率机制是一个"半生不熟"的东西：取消资本管制意味着汇率机制不可避免地将受到难以忍受的投机压力的影响。相比之下，拟议中的单一货币，欧元，将不会面临这种情况——至少对体制内的货币来说是这样。（尽管很显然，欧元兑美元和其他货币仍可能出现较大的波动。）

对于那些希望保持汇率稳定的人，我抱有些许的同情。我也同意一些行业领袖的观点，剧烈的汇率波动，就像僵化地坚持一个已经失去竞争力的固定汇率那样，可能对企业不利。

尽管布雷顿森林体系早已被抛弃，但我开始对这个想法产生了兴趣，即七国集团可以采用汇率"目标区"（target zones）制度。通过干预来恢复秩序，并将美元、日元和汇率机制内货币之间的汇率控制在一定的范围内，但其范围不像在汇率机制内运作的那样狭窄。

在我过去经常参加的一个在华盛顿举行的国际研讨会上，我听到美国著名经济学家和政策制定者保罗·沃尔克（Paul Volcker）表达过类似的观点，所以后来我就找机会给他寄了一篇我写的关于"目标区"的专栏文章。我收到了一封热情的回信，其中一句话大意是在这个我们踯躅流连的金融界，他和我似乎是唯一相信"目标区"的人。

加入欧洲汇率机制引发了激烈的讨论，随后，开拓者们准备开始使用欧洲单一货币——从1999年开始对银行系统开放，到2002年对欧洲公众开放纸币和硬币——欧元区将为企业和公众提供很多的便利：无须在欧元区内兑换其他货币，也无须缴纳交易费用！

很显然，这对普通大众具有很强的吸引力，尤其是会让他们的假期旅行变得更加容易。当布莱尔-布朗政府费尽周折权衡加入欧洲单一货币的利弊时，也遇到了同样的问题。然而，除了旅行的便利性，需要考虑的因素还有很多，尤其是牺牲货币政策的自主权，以及一种货币对其他货币贬值的自由——意大利经济遭受损失就是与通货膨胀率低得多的联邦德国进行竞争的结果。这些考量也反映在戈登·布朗和埃德·鲍尔斯（Ed Balls）著名的"五项测试"（five tests）中，该测试进行了不少于23项详尽的研究，最终决定不加入欧元区。

对于欧洲大陆的主要经济体联邦德国、法国、意大利、比利时、荷兰和卢森堡六国来说，欧洲货币体系和汇率机制是通往欧洲单一货币的中转站。但对于撒切尔夫人、财政大臣劳森和梅杰的英国政府来说，加入汇率机制是他们控制通货膨胀的所有其他尝试都失败之后的最后选择。约翰·史密斯领导下的工党曾考虑过最终加入欧洲单一货币机制的想法。约翰·史密斯，当影子财政大臣时，有一次告诉我，虽然他的确属于亲欧派，但他不力主加入欧元区的原因只是为了让梅杰政府难堪，当时梅杰政府及其"欧洲怀疑论者"遇到了许多棘手的问题。

事实上，当英国工党在野时坚决支持加入货币机制以及英国最终做出加入的决定时，他们却不愿承担任何责任，而在"黑色星期三"及之后，他们逃脱了本该由他们承担却全都落在梅杰政府头上的责难。同样，像在戈登·布朗担任财政大臣和首相期间，卡梅伦和奥斯本领导下的保守党不惜一切代价支持当时的公共支出水平，但在全球金融危机发生时，他们却忘记了这一承诺。他们将全球金融危机归咎于那些他们自己都曾经支持的工党计划。

对工党实行单一货币政策产生关键影响的人物是年轻的鲍尔斯，他于1994年被影子财政大臣戈登·布朗从《金融时报》招聘过来担任经济顾问。在接受戈登·布朗面试时，他坦言，关于汇率机制和将英镑纳入单一货币体系的问题，他与工党领导层有着截然不同的观点。事实上，他在"黑色星期三"两个月后写了一本小册子，对他自己的分析进行了概述，还主张赋予英格兰银行独立制定货币政策的权利。从某种程度上来说，这是新工党政府最终处理欧洲单一货币问题和建立银行独立性的先兆。

大约就是在这个时候，我第一次见到了鲍尔斯。有一天，他突然给我打电话，约我在新桥街的厄尔维诺酒吧（El Vino）分店吃午餐。（这是舰队街著名的厄尔维诺酒吧的一个分店。1982年开业，位于圣安德鲁山的拐角处，当时《观察家报》报社就在那里。从那时起,它就被称为"新厄尔维诺酒吧"。)

鲍尔斯解释说他是《金融时报》的主要撰稿人,但戈登·布朗给了他一份工作。他问我是否应该接受这份工作。的确,我非常了解戈登·布朗。我的建议是"应该"。工党几乎肯定会赢得下一次选举,而且不管怎样,他才二十多岁,即便事情不顺利,他还足够年轻,可以重返新闻界。几年之后,我问他是否还咨询过其他记者。他说还咨询过两个。我问他们有什么建议。他说:"一位说'不要',另一个则拿不定主意。"

戈登·布朗的面试是在"黑色星期三"之后进行的,当时工党正在重新考虑其在戈登·布朗极力主张的事情上面的立场。

1992年9月16日,"黑色星期三",在关于英国经济的回忆中具有重大意义。这是迄今为止撒切尔-劳森政府未能控制英国经济通货膨胀趋势的最严重后果。可是撒切尔夫人及其同事们曾对1974年至1979年工党政府反通货膨胀政策的失败进行过激烈的抨击。

"黑色星期三"迫使英镑退出欧洲汇率机制使英国蒙受耻辱,而它在导致我过去50年中所报道的最大经济危机中发挥了关键的作用。因为正是"黑色星期三"强化了保守党内欧洲怀疑派的势力,最终导致2016年6月23日的脱欧公投以及英国脱欧带来的威胁。

欧洲怀疑论者不会原谅梅杰,因为他支持英国加入欧洲汇率机制,并宣称希望把英国"置于欧洲的中心"。这加强了欧洲怀疑论者对大多数欧洲事务的反对，同时也是导致脱离欧盟公投的关键因素。梅杰在英国退出欧元区及《马斯特里赫特条约》（The Maastricht Treaty）中的"社会政策"（the Social Chapter）的谈判中有过出色的表现。而免除英国欧元区成员国资格令包括我本人在内的许多观察人士和评论员感到高兴，因为，不管我们多么亲欧，我们中的很多人还是非常关心欧元区成员身份对我们的经济政策所施加的限制。

另一方面，与工党和工会联盟一样，我自己也认为，选择退出英国欧洲"社会政策"是一个倒退。当然，工党于1997年重新掌权后，为了保护工人的权利，布莱尔很快选择重返这一机制。

但是，在内阁欧洲怀疑论者的眼里，梅杰不经意间成了一个不受欢迎的人——选择退出"社会政策"应该是他们右翼议程取得进步的显著标志，也算是一个小小的胜利。他们最终的胜利就是20年后的2016年全民公决。

《马斯特里赫特条约》于1992年3月签署，但敲定所有事项的会议是在1991年12月举行的。我和我的同事沃特金斯——《观察家报》伟大的政治评论员——以及政治编辑尼古拉斯·瓦普肖特（Nicholas Wapshott）负责本次会议的报道。会议是在那一星期的早些时候举行的，对一份周报来说时间早了点。沃特金斯有个好主意，就是我们三个人第二天应该去欧盟领导人前一天就餐的那个餐厅去吃午饭。他说："让我们感受一下那里的气氛，伙计们。"

在去会议厅的路上,有人给我们介绍了荷兰的"绿波"概念——一系列引人注目的绿色交通灯。关于那次会议的一个更切题的记忆是,梅杰声称本次会议的结果对英国来说是"局点、盘点与赛点"——据传,这句话出自时任新闻秘书格斯·奥唐纳(Gus O'Donnell,现在的奥唐纳勋爵)。

这一声明在英国议会和媒体中反复出现。有那么一段时间,梅杰看起来好像可能要战胜欧洲怀疑论者的"内部敌人"。此外,他"逆势而行"赢得了1992年4月的选举。我说"逆势而行"是经过深思熟虑的。我是一个参加竞速运动的选手——赛马,不是慢跑;很多年前,当我发现了散步的乐趣时,我就不再参加越野赛了。大选前一天,我和经济学家罗杰·布特尔(Roger Bootle)恰巧都在阿斯科特。我们一致认为英国工党会赢得这场胜利。

当时在《卫报》工作的戴维·麦基(David McKie)那一星期负责夜间编辑工作,他坚持认为,甚至在谢菲尔德集会之前,事情的发展明显与工党的愿望背道而驰,在那场集会上工党领袖尼尔·金诺克(Neil Kinnock)就被认为一直在拼命炫耀胜利。

在英国经济仍然深陷1939年至1945年以来的第二大衰退之中时,梅杰赢得大选是一个了不起的壮举。保守党似乎擅长于此。在经历了战后最大的经济衰退,失业率居高不下,而且还在上升的情况下,他们不是也赢得1983年的选举吗?当然,那时反对党工党和社民党之间出现了分歧,而工党的竞选宣言也的确极不受欢迎。

在把话题从1992年5月的选举转到那年九月的"黑色星期三"之前，我们有必要回顾一下马斯特里赫特之前的情况以及1990年10月加入欧洲汇率机制的准备工作。

撒切尔夫人对加入欧洲汇率机制的反对态度最终被一系列事件所削弱。一是英国财政部已经别无选择：货币主义、货币目标、联邦德国马克阴影都失败了，劳森繁荣使通货膨胀难以遏制，一些官员敦促加息，并且高于梅杰从上届政府继承过来的15%。

梅杰对通货膨胀十分反感。他看到英国人的储蓄被侵蚀，深信通货膨胀既是一个经济问题又是一个社会祸害。他认为即使是财政部，在他担任首席秘书的两年时间里，以及与其他部门协商开支限制时，也没有意识到其童年的苦难记忆对他有多么大的影响，他的苦难与通货膨胀紧密相连。事实上，在其回忆录中，他对给自己带来通货膨胀遗产的前任财政大臣进行了挖苦。他抱怨劳森"并不总是对他人的弱点或需求那么敏感。他不知道星期四晚上没钱是什么感觉，而我知道"。还有一点他与劳森不同，他担心撒切尔政府对制造业的政策过于傲慢，而制造业正在遭受着高利率之苦。

然而，高利率是前任政府留给他的遗产，希思爵士用高尔夫运动对其进行了形象的比喻，说高利率是劳森"一杆"让自己摆脱"沙坑"（通货膨胀）的武器。梅杰应该说是一位肩负着使命的人，因为零售物价指数同比升幅由1990年1月的

7.7%上升至4月的9.4%及9月的10.9%。他想降低通货膨胀率，但却被白厅和针线街当时乐于挥舞的那根球棒打压得喘不过气来。

正如我们看到的那样，保守党寻求的下一个灵丹妙药是通货膨胀目标，然而，这也是所谓加入汇率机制的灵丹妙药被证明失败之后，他们才想出的办法。具有讽刺意味的是，1990年3月，梅杰和他的财政部官员考虑在他唯一的预算案中引入通货膨胀目标。但问题是，实事求是地讲，目标定得太高，会让人感到尴尬。

在说服撒切尔夫人方面，与其前任相比，梅杰拥有两大优势。一是撒切尔夫人当时处于一种极端的境地，在欧洲汇率机制问题上失去两位财政大臣可能有点草率。另一个是，与劳森相比，他没有对抗性［《旁观者》杂志资深财经记者克里斯托弗·菲尔德斯（Christopher Fildes）曾为劳森工作，他说："尼格尔会穿过马路去挑起一场战斗"］。

在英国外交部，豪爵士的继任者道格拉斯·赫德（Douglas Hurd）也不具对抗性。梅杰与其相处融洽，共同努力说服撒切尔夫人。赫德是一个地地道道的外交官员；他没有把自己假扮成经济学专家——不是因为所谓的经济专家就能够自己解决这个问题！——而是在关于汇率机制的问题上为撒切尔夫人提供政治上的支持，尤其是在撒切尔夫人公开反对德国统一之后，他希望修复与德国的关系。

首相和外交大臣所采取的缓和方法在5月份开始产生效

果,当时,撒切尔夫人的姿态让人觉得,财政部对所谓的"基础通货膨胀率"进行了微调,而在一次公开演讲中她坚称,马德里条约的通货膨胀率条款要求是可以达到的。"你比较一下就会发现,我们的通货膨胀率并没有高出欧洲平均水平太多。"

较低的通货膨胀率是马德里条约中成为汇率机制成员的一个必备条件。在备受煎熬的政府官员们的帮助和怂恿下,撒切尔夫人与日益绝望的亲欧内阁同僚豪爵士和赫德经过紧张的讨论,最终达成降低通货膨胀率的共识。之所以提及马德里这个词,是因为这一妥协的达成是1989年6月在马德里举行的欧盟峰会的一个组成部分。然而,英国的通货膨胀率不仅没有按照协议的目标往下降,相反地,1989年至1990年,通货膨胀率加速上涨,从7.8%同比上升到9.5%,而1990年德国的通货膨胀率只有2.7%。实际上,目标柱被移动了,这主要是因为之前应对通货膨胀的努力都失败了。这一比率远远高于马德里条款规定的水平。

在一次次的跌宕起伏中,英国财政部于1990年6月做出了申请加入欧洲汇率机制的决定,不过,加入的准确时间还没有确定。《金融时报》一份鼓舞人心的报告提到了9月或10月,强调梅杰希望以相对较高的汇率加入其中,以显示他对抗通货膨胀的能力。7月10日,梅杰发表了迄今为止最明确的公开声明。他说,英国将加入欧洲汇率机制,并补充说,"这不仅仅是我个人的观点;这是英国政府的观点。这是我们商定的政策。"

深入参与此事的官员说,首相态度的转折点出现在6月和7月,当时的通货膨胀率达到了9.8%。一位高级官员回忆说,从那个时候开始,他每次见到撒切尔夫人时,她都会兴奋地问他们准备什么时候加入汇率机制。英国最终于1990年10月加入了该机制,当时的通货膨胀率为10.9%。大约十五年后,梅杰在伦敦经济学院发表演讲时说,最终,由于经济形势十分严峻,尤其是通货膨胀的重现,使得撒切尔夫人"非常渴望"加入欧洲汇率机制。

关于乔治·索罗斯(George Soros)是如何在"黑色星期三""搞垮英格兰银行"的已经成为民间传说。国际货币和金融机构官方论坛(the Official Monetary and Financial Institutions Forum,OMFIF)智囊团的戴维·马什(David Marsh)、历史学家理查德·罗伯茨(Richard Roberts)和我对9月那六天时间里发生的事件进行了详细的报道。

就在"黑色星期三"发生之前,我和妻子希拉里住在吉尔摩夫妇位于托斯卡纳的别墅里。一天,伊恩很兴奋地走到露台上说:"比尔,我有一个好玩的故事讲给你听。财政部刚刚打电话过来,询问拉蒙特是否在我这里。一场金融危机正在酝酿之中,他们不知道他在哪里。等你度假回去之后,就可以写一篇精彩的专栏文章,题目就叫:'英国财政部将财政大臣迷失在托斯卡纳。'"

我自己并不做外汇市场投机,但我清楚地记得9月15日星期二下午我出席了英格兰银行的新闻发布会,发布会由银行海外业务董事安德鲁·克罗基特（Andrew Crockett）主持。安德鲁是一个坦诚直率的人。尽管这次发布会主要是关于即将在华盛顿举行的世界银行-国际货币基金组织会议的，但也涉及其他事项。当我和同事阿纳托尔·卡莱茨基（Anatole Kaletsky）离开大楼时，我们看着对方，一致认为一切都结束了。克罗基特没有说得很具体，但给人的印象是，情况非常不妙。

尽管梅杰、财政大臣拉蒙特以及其他内阁同事一天中绝大部分时间都在为"拯救英镑"而战斗，但一切都徒劳无益。英国财政部一位高级官员告诉我："我们知道，早在上午八点十分一切都已经结束了。"英镑狂跌不止，所有支持英镑的努力均告失败。

有一件事不同寻常且颇具讽刺意味，那就是英国人对"规则的坚守"，直到几乎所有的储备都用完了才承认比赛结束。人们无法想象，如果法国人遇到类似情况，他们会不会如此遵守规则。

"黑色星期三"对保守党来说是一场政治灾难，其经济治理能力遭受质疑，声誉大跌。但令人感到矛盾的是，对英国经济来说，这又是一种强制性的营救行动。从产业国际竞争力角度来看，我们加入欧洲汇率机制时汇率过高，而"保护"英镑价值所需的高利率延长了英国的经济衰退。

我认为，卡莱茨基是第一位将这一天改名为"白色星期三"的评论员。我自己，只是半开玩笑地在《观察者报》

我的专栏中建议，联邦德国央行行长赫尔穆特·施莱辛格（Helmut Schlesinger）应该被授予爵士称号，因为他在危机中起到了推波助澜的作用。在"黑色星期三"发生的前一天晚上，他在接受采访时明确表示，他认为货币进行调整——即英镑贬值——是必要的。

就在"黑色星期三"当天，我在加里克俱乐部吃午饭，英国广播公司的经济编辑多米尼克·哈罗德（Dominick Harrod）也在那里。多米尼克突然匆忙地离开了大楼。他曾报道，当天上午11点15分英国央行利率从10%飙升至12%，而且，信不信由你，他在午餐时对我们一群人说，他们刚刚宣布继续提高至15%。

事实上，15%的情况从未出现过。人们对此普遍存在误解：从理论上讲，它将在第二天生效，但在拉蒙特当晚7点30分宣布我们的汇率机制成员资格被暂时中止后，这一切就变得毫无意义了。

在这种情况下，"暂时"意味着"永久"。后来，我遇见一些金融城的人，他们说，假如英国政府真的执行15%的利率的话，那他们计划在破产程序启动之前喝点香槟消消愁。

根据财政部的指示，英格兰银行整个上午都在进行干预，试图支撑英镑，但都徒劳无功，外汇储备持续流失。加息2%是在欧洲汇率机制内恢复人们对英镑当前价值信心的措施之一，但与干预一样，此举也以失败告终。

实际上，在拉蒙特发表声明之前博弈就已经结束。暂停欧洲汇率机制成员资格发生在下午4点，在此之前梅杰浪费了几个小时试图向英国的欧洲大陆伙伴寻求帮助。对冲基金大鳄索罗斯说，他在短短几天的时间里卖出了100多万英镑，这在技术上被称为"做空英镑"。这样做的不仅仅只有索罗斯一人，"卖空"英镑成为一种普遍现象。与索罗斯相比，还有许多隐姓埋名的运作者。英镑被大规模抛售，参与者不仅有证券交易商，还有银行、企业财务主管以及资产经理。在一个资本市场放松管制的世界里，如果每年的外汇交易总额超过正常业务融资交易数百倍的话，那么，当形势发生逆转时，央行基本上是没有能力进行防卫的。

事实当然如此。这是一股投机洪流。显而易见的问题是为什么英国政府允许它一直持续整个上午并延续到下午，最终耗尽英国外汇储备？早在1985年，当劳森试图说服撒切尔夫人加入欧洲汇率机制时，财政部官员杰弗里·利特勒（Geoffrey Littler）就曾对这种情况进行过理论分析，即在危机时刻，英国政府可能会暂停干预以支撑英镑。英国财政部一名前高级官员伯恩斯也曾经这样说："人们一直都有这样的预期，即我们会在紧急情况下使用这一方法。"

关于这个问题，有太多事后的反思。我个人的看法是首相梅杰希望成功加入欧洲汇率机制，他把自己的声誉都压在了这件事上，因此，他不愿承认自己所做的一切都是徒劳无益的。

基本上来说，梅杰政府对待"黑色星期三"的态度是滑稽可笑的。当知道比赛在上午8点10分就已经结束，官员们还是从上午埋头苦干到下午其实一点意义都没有。有人想起了电影《边缘之外》(*Beyond the Fringe*)中的场景,在第二次世界大战中,上级军官命令下级军官做做样子,后者只能奉命行事。

归根结底,当欧盟伙伴对英国的立场缺乏理解令梅杰政府感到失望时,梅杰在外交部的鼓励下坚持了规则——这是亲欧势力的错。外交大臣赫德说,明明上午11点通过加息的方式(从10%加至12%)未能阻止资金外流,但外交部的律师还是建议:英国有义务留在欧洲汇率机制中,继续"根据条约义务"进行干预。

大臣们聚集在海军部大厦,首相也在那里。在这场恐怖袭击发生之后,唐宁街10号的防御正在加强。开会的目的是讨论法国在下星期日举行的《马斯特里赫特条约》全民公投中投反对票时的应急计划。事实上,会议的焦点变成了那场货币危机。而那场危机的结果是没有必要制定应急计划来保护英镑了:当他们坐在那里的时候,英镑的防护措施已经被摧毁。

关于法律咨询一事,当我们和理查德·罗伯茨一起写《九月份的那六天:"黑色星期三"、英国脱欧和欧洲是怎样建成的》(*Six Days in September: Black Wednesday, Brexit and the Making of Europe*)这本书的时候,克拉克告诉我的同事戴维·马什,这一点相当的迂腐。"谁会在法庭上挑战我们?",他接着开玩笑说,"唯一一个后来可能声称受到了伤害的人应该就是索罗斯。"

为什么那些非经济大臣整个上午都待在那里？克拉克后来说，"我们在那里是准备让双手沾满鲜血的。"为了推卸责任，为首相提供保护。

和英国外交部一样，梅杰本人也担心，突然退出汇率机制会损害今年早些时候经过艰苦努力才加入的《马斯特里赫特条约》。尽管人们怀疑法国遇到类似情况时是否会遵守这些法律条文，但至少有一位习惯于与欧洲同胞打交道的财政部高级官员急于这样做。

克拉克正式接替了拉蒙特。人们现在普遍认为，他在1993年至1997年担任财政大臣是十分成功的。我记得梅杰和克拉克飞往日本东京参加七国集团峰会时发生的一件事。我当时在飞机上，在回来的时候，看到肯尼斯走到飞机后面跟媒体谈话，我觉得很好笑。我记不清他说了什么，但我记得他穿着航空公司提供的一种连体衣，看上去相当古怪，我没有太多时间听他讲话，因为时任梅杰新闻官的奥唐纳也一起过来了。

他对我说："首相想和你随便聊聊。"于是，我便起身向飞机前部走去。但我很快意识到，我对"随便"这个词的解读有点过了。我知道梅杰曾在拉特利斯学校上过学，而这所学校离我上学的文法学校温布尔登学院不远，于是谈话一开始我就提到了我们的共同背景。但我很快就发现，他对此一点兴趣都没有。他对前财政大臣拉蒙特进行了严厉的批评，说如果是他——梅杰——在"黑色星期三"之前主持巴斯财政大臣会议的话，那结果可能会截然不同。

巴斯的会议上各方争论激烈，拉蒙特担任主席并向联邦德国央行行长施莱辛格施压要求降息，不过他随后承认，他知道施莱辛格没有权利降息，但他也不能退席。

"黑色星期三"之后的一个星期，国际货币基金组织在华盛顿召开会议。会上有人问拉蒙特为什么看上去那么高兴。"嗯，"他回答说，"这是一个非常美丽的早晨，不过，这个原因似乎有点牵强。我妻子说她今天早上听见我在浴缸里唱歌了。"我在后来的一本书中提到了这个情节，并忍不住说："他当然没有在巴斯①唱歌"——我很高兴听说，这句话在联邦德国央行很受欢迎。

我已经说过我是在布雷顿森林体系下成长起来的。我同情为避免汇率剧烈波动而做出的努力，同时并不是发自内心地反对汇率机制背后的考量。然而，正如前面提到的（也正如梅杰在他的回忆录中大篇幅地记录的那样），关于加入欧洲汇率机制的问题，我是这样写的：我们是在错误的时间，因为错误的原因，以错误的汇率加入了该机制。

英国是在联邦德国低通货膨胀声誉因为民主德国和联邦德国合并而受到威胁之际，将本币与联邦德国马克挂钩的。事实也证明了这一点。而且，英国以相对较高的汇率加入该机制，在一些英国人看来，这是不可持续的，事实也的确如此。这样

---

① 这是一个谐音双关。bath意为"沐浴"或"浴室"，大写Bath指"巴斯"这个地方。——译者注

做的目的更多是弥补以往控制通货膨胀政策的失误，而不是考虑英国的中长期竞争力。

令人惊奇的是，德国货币联盟（民主德国和联邦德国）对德国通货膨胀率的影响已经很明显了。但当时英国建制派对加入汇率机制如此地痴迷，以至于忽视了这一点。"联邦德国马克的阴影"以及联邦德国的低通货膨胀率一直被劳森视为后货币主义经济的灵丹妙药，促使劳森-梅杰更加希望加入汇率机制。但这件事发生在统一的德国经济体的通货膨胀率"起飞"之际，相较于衰退中的英国经济，他们需要更为严格的货币政策——即更高的利率。

为了将汇率保持在商定的区间内而保持高利率，无疑延长了第二次世界大战以来第二严重的经济衰退——从1990年一直持续到1992年。包括财政部首席经济顾问阿兰·巴德爵士（Sir Alan Budd）在内的一些官员认为这样做是合理的，给了英国政府一个更好的机会，能够从体制上消除通货膨胀或大部分通货膨胀。

关于"黑色星期三"有着诸多具有讽刺意味的事情。其中之一就是，1990年接替梅杰财政大臣职务的拉蒙特——一个欧洲怀疑论者——反对加入汇率机制的主张。他曾告诉我，他询问他的官员们，"我们为什么要这样做？"——答案是，英国财政部已经失去了一位财政大臣，不能再失去另一位财政大臣了。

但是，当然，他们做到了。"黑色星期三"之后，拉蒙特提出辞职，但梅杰没有同意。然而，牺牲终于还是到来了。在媒体报道了一系列不幸的失态之后，拉蒙特于1993年春天被正式从内阁中解职。

"黑色星期三"不仅是保守党的尴尬，对英国财政部和英格兰银行来说亦是如此。同时，它还引起了安全部门的注意。不久之后，我被邀请到切尔西的法式"炖鸡"（Poule au Pot）餐厅吃午饭，邀请我的是我剑桥大学的一个老熟人，在英国军情六处工作。

当时是十一月，他坐在一个烛光摇曳的昏暗休息室里。他看上去好像在试图制造一种神秘的气氛，而他询问的主要目的似乎是想要了解更多关于"黑色星期三"发生了什么、为什么以及背后隐藏的秘密。我努力地想把整个故事告诉他，但坦率地讲，我所说的话没有一句是从我自己或其他人在报纸上发表的文章中找不到的。

2007年至2009年：
国际金融危机

1976年至1977年，我被"借调"到英格兰银行工作。当时，银行员工们的士气正在从金融市场发生的两起事件的冲击中逐步恢复过来。其中一起——也就是第二起——发生在我加入该行的前几个星期。该事件发生在1976年3月，人们普遍认为这起事件反映了英国政府在处理降息问题上的水平，给人留下了其不在乎英镑贬值的印象。另一事件则是1973年至1975

年的"次级银行危机"(the Secondary Banking Crisis)。

1976年3月的那起事件是论述当年秋季国际货币基金组织危机一章中的重要内容。次级银行危机,尽管它比2007年至2009年的金融危机早了几十年,但它对英国财政部以及英格兰银行对待金融监管的态度产生了持久的影响。

在一种被称为竞争和信用控制的货币制度下,希思政府和英格兰银行已经屈服于这场新兴的运动,赞成对市场力量实行更为自由的控制,允许银行和建筑协会给予借贷人更多的竞争——换句话说,就是打破所谓的企业联盟(通过统一价格、防止竞争来增加共同利润)局面。这一事件已经被广泛而精彩地报道,比如玛格丽特·里德(Margaret Reid)的著作《次级银行危机》等。简而言之,这一政策导致低信誉、高风险的贷款机构数量激增,但最终都以眼泪收场——连强大的国民西敏寺银行(the NatWest bank)都崩溃了——需要英格兰银行采取大规模救援行动。

在英格兰银行工作时,我发现人们认为银行监管是一种危险的职业。在次级银行危机余波的影响下,人们觉得银行监管人员的工作就是在"无中生有"。20世纪80年代,随着庄信万丰银行(Johnson Matthey Bankers,JMB)于1984年倒闭,以及腐败的国际信贷商业银行(BCCI)于1991年7月倒闭,这一观点被进一步强化。这些似乎还不够,1995年,巴林银行(Barings)也轰然倒闭。

利-彭伯顿于1983年至1993年担任英格兰银行行长,他曾相当鲁莽地说,"监管机构的任务不是防止金融机构出现放贷错误。"利-彭伯顿应该是一位"绅士银行家",曾任国民西敏寺银行董事会主席。一些银行同僚认为,撒切尔夫人之所以选择他担任英格兰银行行长,是因为她有偶像情结。塞西尔·帕金森(Cecil Parkinson)也是这一类人,他非常轻率,有一次告诉我,"我们正在利用北海油田的收入来弥补失业带来的损失。"利-彭伯顿魅力十足,但其银行同事很快就注意到,他认为与肯特郡郡长相比,行长的重要性要略逊一筹。他似乎对这一任命感到惊讶,当然许多人也有同感。他后来告诉我,在被任命之前,他和撒切尔夫人只见过几次面。

而事实很快证明,他需要高水准的支持,因此,已经退休的银行官员乔治·布伦登爵士(Sir George Blunden)被邀请再次出山,担任颇具权势的副行长。布伦登爵士有一种黑色幽默感,他曾这样对我说,"既然是他们把我找回来了。那么,我就可以随心所欲,想干什么就干什么了。"

银行破产让相关人士相互指责。英格兰银行内部弥漫着这样一种强烈的气氛,就是某位官员必须为未能预料到庄信万丰银行的麻烦来担责。撒切尔夫人的一些同事认为,她成为受害者是因为她是一名妇女,而且她的警告被忽视了。

关于英格兰银行未能在国际信贷商业银行倒闭问题上及时采取措施一事,已经有了充分的记述,而该行存在问题在当时的金融城已是尽人皆知。利-彭伯顿——后来的金斯敦勋爵(Lord Kingsdown)——在退休之后曾告诉我,英格兰银行之所以一直不愿采取行动，是因为害怕受到种族主义指控。该行由巴基斯坦金融业者阿加·哈桑·阿贝迪（Agha Hasan Abedi）创立，具有"发展中国家"的结构和所有权。顺便说一句，国际信贷商业银行事件映射出当时银行业普遍存在的一种危险的实践操作：退休的政治家以非执行董事身份参与交易，他们得到了报酬，而该组织通过他们背书获得荣誉。我妻子希拉里——商业大律师、英格兰银行前经济顾问——每次叙述下列场景时都感到恐惧：1988年，我们的前首相卡拉汉在柏林出席世界银行/国际货币基金组织会议时，胸前佩戴着国际信贷商业银行的徽章。

用银行专家观察员马乔里·迪恩（Marjorie Dean）和罗伯特·普林格尔（Robert Pringle）的话来说就是：

> 银行出现问题之前，监管可以说就是一个摆设……当1991年7月英格兰银行决定关闭腐败的国际信贷商业银行时，愤怒之声此起彼伏，要求正式将监管和货币职能划分开来。言下之意是由于央行过于关注后者，而轻视了前者，因此未能及时发现国际信贷商业银行的违规行为。

利-彭伯顿的话表明，他们也许已经发现了问题，但迟迟没有采取行动。然而，迪恩和普林格尔指出的问题还是很重要的，引起了许多学术和政治辩论。戈登·布朗和他的经济顾问鲍尔斯做出的监管和货币职能分离的决定,至少在一定程度上代表了人们希望惩罚银行监管失误的愿望。这一决定的做出还有一个原因,就是他们相信在他们与成立于1997年的新的监管机构金融服务管理局(the Financial Services Authority,FSA)的监管之下——也许,根据后来的经验,应该说是"希望"——英国将不会有银行再倒闭。

有很多争论不仅关注货币政策和监管之间的分工,也关注这两种责任是否会发生冲突,比如:在某种情况下,人们可能希望不要收紧货币政策,因为他们害怕那样做会对脆弱的金融机构造成伤害。

尽管戈登·布朗的首相任期备受争议,但他的决定还是得到了广泛的赞扬。财政大臣要求英格兰银行具有独立性——更准确地说,要使其在货币政策方面,即在利率制定方面,具有实实在在的独立决策权。尽管戈登·布朗担任影子财政大臣期间,在各种演讲中频繁透漏出警示信号,但我承认,虽然我很了解戈登·布朗和鲍尔斯,但当工党在1997年5月以压倒性优势赢得大选后几天内便宣布英格兰银行具有独立决策权时,我本人虽谈不上震惊却依然感到十分地惊讶。当戈登·布朗在财政部的一次记者招待会上戏剧性地宣布这一消息时,一些记者花了很长一段时间才回过神来。与该消息一同出现的还有一则利率变动公告。在提问环节,有人问新财政大臣下一次利率变动可能会出现在什么时候。我们很清楚,这样的问题即使在最恰当的时候提出来也不大可能得到答案,果然,提问者没有获得任何信息。财政大臣再也不会做出有关利率的决定了：球现在已经稳稳地停落在英格兰银行的场地（court）①上［但没有落在董事会（the Court）里：英格兰银行的业务由董事会监管，但关于利率的决定将由新货币政策委员会（Monetary Policy Committee，MPC）做出，该委员会由行长担任主席，成员包括银行高管和一些银行之外的人员］。

新闻发布会结束之后，我和罗伯特·乔特（Robert Chote）一起穿过马路去喝咖啡，乔特当时是《金融时报》的经济编辑，后于2010年起担任保守党政府预算责任办公室主任。考虑到工党对英格兰银行在两次世界大战期间蒙塔古·诺曼（Montagu Norman）任行长时通货紧缩的倾向以及20世纪60年代威尔逊政府执政时克罗默勋爵担任行长期间的经济衰退一直持有批评态度，我们两个人都认为这是一个非常奇怪的决定。我一直被伟大的法比安·西德尼·韦伯（Fabian Sidney Webb）、后来的帕斯菲尔德勋爵（Lord Passfield），的话所震动，他说艾德礼政府1946年将英格兰银行国有化是为了避免1931年英国工党政府被取代的情况重演。由于保守党在1925年决定将英镑重新纳入金本位制，1929年至1931年拉姆齐·麦克唐纳领导下的工党可谓是深陷困境。过高的汇率对经济政策造成了巨大的限制，并最终导致大萧条的爆发。恢复金本位制是丘吉尔在担任财政大臣时做出的决定，也是他终

---

① court 在此处为双关语，既有"球场"之义，又有"董事会"之义。

生感到遗憾的一件事情。他是被极端正统的财政部官员和同样正统的英格兰银行及其行长蒙塔古·诺曼说服的。这个决定最令人悲伤和最人性化的一个方面是，该决定是在唐宁街11号由英国政界相关人士和官员们在晚宴之后做出的。凯恩斯当时也在那里，他是这一举措的强烈反对者。不过，他当时身体状况不佳，精神状态也不好。1931年夏天，工党政府垮台。随后，继任政府取消金本位制。帕斯菲尔德勋爵还说，"没有人告诉我们可以这样做。"有人怀疑凯恩斯曾多次告诉他们可以这样做。

我和乔特担心利率控制权可能会交到那些未经选举而进入委员会的银行家的手里。我的反对意见出现在我为《观察家报》写的下一篇专栏文章中。二十年后，戴维·凯纳斯顿（David Kynaston）在撰写英格兰银行不朽的历史时引用了我的一句话："我相信，尽管有一些保留，工党已经失去了理智。"我并不孤单。评论员卡莱茨基在《泰晤士报》上写道，戈登·布朗是在"把英镑锁在一个金匣子里，然后把钥匙扔掉"。然而，我们是少数派。

由于传统观点认为英格兰银行的独立性已经被证明是一个巨大的成功，因此我经常会因为当初的那个结论被鲍尔斯取笑。我倾向于这么说，现在判断独立是否成功还为时过早。但必须承认，当后来知道英格兰银行给予货币政策委员会的通货膨胀目标是对称的时，人们就没有那么担心了。没有内在的通货紧缩倾向。如果通货膨胀率可能低于目标，那么货币政策委员就有责任采取扩张性行动。对于这件事情,我不仅当时感到担忧,如今还在一定程度上表示担心——事实上,关于央行的民主合法性,英格兰银行前副行长保罗·塔克爵士(Sir Paul Tucker)在其题名《未经选举的权利:对央行行为和监管国家合法性的探讨》(*Unelected Power: The Quest for Legitimacy in Central Banking and the Regulatory State*)的长篇巨著中有过详细的描述。这种安排令人放心的方面是,通货膨胀目标由财政大臣制定。

然而,英格兰银行监管和货币职能分离绝不是一次愉快的分手。首先到来的是2007年夏末北岩银行的崩溃;一年后,苏格兰皇家银行(the Royal Bank of Scotland,RBS)危机爆发。之前很长一段时间里,过于自信的总经理弗雷德·古德温(Fred Goodwin)对荷兰银行(ABN Amro)进行了不明智的收购。此后各界进行了各种各样的反思活动,然而,这些活动显然都是激烈无比的指责游戏。而这一点被清晰地记录在关键政策制定者的回忆录中,比如戈登·布朗的回忆录,在危机开始时他刚成为首相;阿利斯泰尔·达林(Alistair Darling)的回忆录,他在危机的前夜"临危受命"担任财政大臣,以及英格兰银行行长默文·金的回忆录。

最终,当出了问题,必须拯救银行时,出手营救的还是英国财政部,说到底就是英国纳税人。当然,不是非要拯救它们。关键的一点是,是否存在所谓的"系统性扩散"风险,也就是说,采取行动是否会给整个经济造成更广泛、更糟糕的影响。另一个必须考虑的因素是2007年北岩银行危机发生时英格兰银行行长默文·金所遇到的困惑。

默文·金对"道德风险"深感焦虑——担心如果银行知道它们可能会得到英国政府救助的话,那么这种不假思索的救助可能会鼓励它们过度承担风险。虽然英国金融服务管理局(the FSA)正式从英格兰银行分离出去了——从空间上来说也分开了,因为它位于泰晤士河下游几英里[①]处的金丝雀码头——但实际上它还是一个三方系统。英国金融服务管理局负责日常监管;英格兰银行对整体金融稳定负责;而位于城市另一端的英国财政部则主要负责应对危机。

当一件事导致另一件事,北岩银行倒闭之后,苏格兰皇家银行遭遇更大的灾难时,各种恶果相继出现。金融城和白厅都知道,总的来说,默文·金行长对与金融城,特别是与银行家们保持联系不感兴趣。这与他的前任行长们形成了鲜明的对比。20世纪60年代的克罗默勋爵与20世纪70年代到80年代初的理查森都是金融城的资深人士,具有坚实的商业银行从业背景——20世纪80年代"金融大爆炸"之后,他们主要从事后来被称为"投资银行"的业务。莱斯利·奥布莱恩爵士(1966年至1973年任英格兰银行行长)和乔治(1993年至2003年任英格兰银行行长)都是银行业内人士,与金融城里的各个机构关系密切。他们相信每天都要与英格兰银行和其他货币市场机

[①] 1英里≈1.609千米。——译者注

构保持联系，以了解那里发生的情况。

默文·金行长不是这样的，许多人认为他把英格兰银行视为一个经济学术研究机构。当他从首席经济顾问升任副行长并最终成为行长时，他最初的看法是，他不希望早上被打扰，他认为那是"思考时间"。

默文·金一直是通货膨胀目标政策的拥护者，首先是在拉蒙特和克拉克担任行长期间，"黑色星期三"之前的通货膨胀政策失败时；后来在戈登·布朗和鲍尔斯担任行长期间也是如此。当英国经济之船驶过金认为的美好——非通货膨胀、持续的扩张性增长——十年时，作为行长，他关注的重点是宏观经济政策。当然，这个时期的英国经济的确经历了低通货膨胀、持续的扩张性增长。

对于戈登·布朗和鲍尔斯，甚至是英国财政部来说，英格兰银行独立的好处是显而易见的。工党在1976年的向国际货币基金组织借款危机和1978年至1979年"不满的冬天"中，经济管理能力方面的声誉大跌。保守党的声誉则在"黑色星期三"输得一干二净。戈登·布朗决心重建工党在英国经济管理能力上的信誉——因此反复强调"有目的的谨慎"。让英格兰银行具有独立性是货币政策权力下放的典型做法，这样一来戈登·布朗自己和英国财政部就能够集中精力处理其他事务。在内阁中，财政大臣只有一位，而"支出大臣"的人数却很多。鲍尔斯喜欢这样说，面对大臣们的要求，财政大臣现在有了一把实用的武器。他会说："如果我对你让步，市场会对支出感到恐慌,英格兰银行可能会提高利率。"

多年以来,英国财政部官员还一直向我强调两点:第一,关于是否改变利率的决定往往会占用大量的时间;第二,在预算日,推行健全的政策经常遭到阻挠,大臣们(通常受到首相的鼓励)屈于诱惑,宣布突然降息。

问题是银行独立奇迹最终受制于麦克米伦所言的著名"事件"的掣肘。尽管戈登·布朗几年来一直呼吁加强全球金融监管——建立"适当的风险监控和预警系统",但因为急于取悦金融城,戈登·布朗和鲍尔斯更倾向于采取微调措施。不过正如他在危机过后所写的那样,"我不得不承认,我已经输掉了这场辩论。"

然而,回顾过去,戈登·布朗坦然承认,赞成所谓的国际共识是错误的。这一共识是在时任美联储主席艾伦·格林斯潘(Alan Greenspan)的领导下达成的。该共识认为,现代金融市场已经相当成熟,可以通过分散风险,还有那些新奇的"产品"以及被称为"金融工程"的东西,降低金融危机的危险。

2007年夏天,北岩银行危机来临,戈登·布朗搬到了唐宁街10号,而他长期的同事、苏格兰人达林被任命为财政大臣。默文·金行长可能对监管不太感兴趣,但达林却完全不同。事实上,在危机之后的回忆录中,达林坦承,在1997年大选前他应该是为金融城服务的影子大臣,主要负责英国金融服务管理局的筹建。

金融危机爆发之后，英国财政部和英格兰银行之间有诸多不和。英国财政部本身缺乏银行方面的专业知识，但很快就积累起来了。英国财政部很生气，因为英格兰银行行长在所谓的"道德风险"方面，制造了很多危险——英国财政部担心的是，国家对金融机构的拯救行动，在有些人看来，就是可以肆意冒险的依靠。曾经有这么惊人的一幕：英国财政部发现，默文·金行长身居乡间别墅，不接电话，于是他们不得不派人去他位于肯特郡的那处隐秘之所征求他的意见。达林发现，根据三方监管机构的规则，他无权命令英格兰银行行长向市场注入流动性。

在回忆录中，达林对行长的态度犀利，曾经把他描述成"太阳王"（the Sun King），他的这一说法还引起不少人的共鸣。

到目前为止，这场危机是国际性的，美联储和欧洲央行也在向市场提供流动性。事实上，危机并非始于2007年8月的北岩银行事件。尽管人们事后对英国三方监管模式的缺陷进行了大量的追问和指责，但对于美国次贷危机和美国房地产泡沫破裂导致贝尔斯登（Bear Stearns）银行于2007年7月17日破产，并在欧洲产生影响，戈登·布朗、达林和默文·金不承担任何责任。而我自己第一次意识到这场危机的国际影响是在我们每年一次去法国皮伊默拉度假的时候。皮伊默拉位于罗纳河谷的腹地，靠近吉恭达斯和教皇新堡。

8月9日，法国巴黎银行（BNP Paribas）冻结了三笔投资基金。很明显，随着危机的发展，全球化金融工程在分散风险方面发挥了很大作用。然而,"非理性繁荣"(irrational exuberance)的风险依然存在。早在20世纪90年代末,时任美联储主席的格林斯潘,就曾对市场的"非理性繁荣"表示担忧。但他们什么也没看到。风险的扩散使得欧洲金融机构,尤其是一向稳重的德国银行,也受到了美国次贷危机的严重影响。随着危机的不断恶化,谨慎而稳重的德国银行深陷价值可疑的有价证券危机。这是下面两种情况共同作用产生的结果:一是银行之间更密切的国际联系,二是当借贷与其基础资本不成比例时依然冒险赌博。

关于那些被证明毫无价值的衍生金融产品之间的联系,已经有诸多论述。然而,这是否是银行业危机的真正原因依然难以确定。有趣的是,这场危机始于美国,并蔓延到更远的地区,却并没有蔓延到其邻国加拿大。我还记得第一次见到后来成为英格兰银行行长的卡尼时的情景。那是2009年1月,参加了巴克莱(Barclays)银行举办的一个很棒的酒会之后,我们搭乘缆车到达沃斯的大街上去,当时缆车里就我们两个人。"您好!"那位乘客说,"我是加拿大银行行长卡尼。"在我做了适当的自我介绍之后,他说:"我们加拿大银行没有发生危机。"

加拿大应该是一个例外。在金融全球化的世界里,次贷"票据"出现在整个欧洲的银行资产负债表上,危机之下,它们难以独善其身。有一段时间,把银行业危机归咎于金融工程成为一种时尚。但是,用修昔底德(Thucydidean)的话来说，最真实的原因很可能是贪婪和过度冒险的历史模式的重现——类似于"荷兰郁金香狂热"[①]（the Dutch tulip mania）和"南海泡沫"[②]（South sea bubble）——那么多人失去了理智。然而，有人认为复杂的全球金融体系可能是导致危机并将其影响放大的直接原因。"这一次不一样"这句话是当时气氛的集中体现，也展示了人类不愿以史为鉴的倾向。我心目中的大英雄加尔布雷思对这一问题有过深入的研究。在我上次采访他的时候，关于世人对格林斯潘的崇拜，他说了一些不客气的话。我浏览了几千页有关危机的材料，对其描写最为贴切的一句话应该是赫里福德的保守党议员杰西·诺曼（Jesse Norman）写的："我可以确切地告诉你是什么导致了这场危机。是因为银行杠杆七年内上升了50倍，而2000年只有20倍。"

贝尔斯登银行破产之后的一大变化是金融市场陷入停滞。人们互不信任：如果一个脆弱组织的负责人知道自身的问题，他们会自然而然地——很不幸，但有充分的理由——认为反正船上还有其他人。

苏格兰皇家银行的冒险文化令人震惊，而其傲慢和无知的程度亦是如此。从2007年夏末北岩银行倒闭到2008年秋向像

[①] 1637年荷兰发生的因过度投资郁金香引发的泡沫经济事件。——译者注
[②] 18世纪初英国殖民公司股票投机事件。1711年英国设立南海公司，虚构公司经营前景，诱骗投资，引起股票投机热潮。1720年，其股票价格迅猛上涨之后又迅速下跌，造成其股票持有人大量破产。——译者注

苏格兰皇家银行这样的多家银行注入大量资本,对于绝大多数参与者来说——无论是努力应对记忆中最大金融危机的银行家、政治家,还是官员——这段时间向他们证明了什么是业内称之为的"学习曲线"(learning curve)。金融记者菲尔德斯喜欢这样说:"当金融机构内没有人记得上次危机的时候,那么该机构离出错就不远了。"但这次的规模不同。在苏格兰皇家银行从2007年年中开始的短短一年多时间里将债务翻了一番之后,该行董事长致电戈登·布朗,称该行存在现金流问题,但它所需要的只是"隔夜资金"(overnight finance)。戈登·布朗在回忆录中进行了这样的记述:

> 几天后,他的银行倒闭了,造成了银行业历史上最大的损失。苏格兰皇家银行的问题不仅仅在于流动性,额外的现金流只能帮一两天的忙。该行存在的问题是结构性的。它拥有的资产具有难以想象的毒性,资金太少,无法弥补他们的损失。

尽管很多相关人士一直批评默文·金应对危机不力,事后又反应迟钝,但批评他的人也承认,2008年初,他确实意识到了银行愈演愈烈的破产问题的严重性。正如每一位经济学专业的学生很快就会知道的那样,从本质上来讲银行业就有其局限性。如果储户急于取款,银行很快就会陷入困境。借"短"贷"长",在经济形势好的时候没有问题,但当人们对银行的信心崩溃时，问题就出来了。北岩住房互助协会过度依赖短期资金，他们提供100%以上的抵押贷款，通过短期借贷来筹集资金。对于英国公众来说，当有报道称该机构陷入困境，而英国政府对存款安全的保障还没有得到证实时，他们匆忙取回原本可以成为银行长期储蓄的钱是合理的。这些保障措施很快就宣布了，但在此之前，世界各地都看到了北岩分行外令人难忘的排队场景。与其他建筑协会不同的是，北岩的分支机构很少，因此恐慌的印象被极度地放大。

当时，另一个令人难忘的电视画面是美国第四大投资银行雷曼兄弟（Lehman Brothers）的雇员们带着打包好的箱子，从位于金丝雀码头的公司大楼里匆忙走出。在陷入困境的美国抵押贷款公司房利美和房地美（Fannie Mae and Freddie Mac）被国有化一个星期之后，雷曼兄弟于9月15日申请破产。

雷曼兄弟被允许破产的消息严重动摇了人们对金融的信心，而且强化了大规模资本重组和拯救银行系统的势头。考虑到旧工党（Old Labour）和国有化之间的历史渊源，即使默文·金行长说这是唯一可行的办法，但戈登·布朗拒绝了立即将北岩国有化的呼吁。然而，2008年2月17日，财政大臣达林最终还是宣布，北岩银行将"暂时"被收归国有。几年后，英国财政部最高级官员尼古拉斯·麦克弗森爵士（Sir Nicholas Macpherson）承认，"由于后见之明，财政部在解决这个问题时行动迟缓，整整延宕了五个月。"他说，这一事件是一次"巨大的集体失败，英国财政部自然难辞其咎"。

最终戈登·布朗"拯救了世界"。他强烈主张银行体系进行资本重组，大规模提振财政和贸易信贷，对抗令国际货币基金组织负责人记忆深刻的"大衰退"（The Great Recession）。戈登·布朗在下议院发表演讲时说了"拯救世界"这句话，之前，美国经济学家保罗·克鲁格曼（Paul Krugman）曾在《纽约时报》（New York Times）的专栏中用了类似的话对他进行了赞扬。戈登·布朗后来纠正说是"拯救了银行"，但为时已晚。不过，戈登·布朗的话也并非全是虚言，他对美国和欧元区进行银行资本重组的方式有着决定性的影响。然而，英国不能只关心本国利益：在对世界其他国家的银行体系进行的救助行动中，美联储发挥了至关重要的作用。

在回忆录中，戈登·布朗坦率地谈到了自身改革的弱点：

> 尽管危机在美国爆发，但英国的监管也存在缺陷。我们创造了我仍然认为是正确的框架——由央行、监管机构和政府组成的三方组织作为我们的预警系统——然而，从一开始，英国金融服务管理局就一直在与央行进行权利争斗，当翻看他们的会议记录时，我发现，三个伙伴中没有任何一个给予三方系统所需的时间、投入和承诺。

至于监管，戈登·布朗补充说，"金融服务管理局的评估与其说是依靠调查人员的深入调查，不如说是依靠被调查者的随意保证。"他总结说,这一切都是"当时新自由主义文化的产物,他们口中谈论实施更好的监管,但实际上更倾向于放松监管"。

尽管我上面提到了最可能的原因和修昔底德的"真正原因",但新自由主义文化的流行的确是其历史原因。1979年英国取消外汇管制之后,英格兰银行的官员们注意到,其后的大部分贸易都由外国银行参与进行。他们天真地认为,开放金融城使其面临来自海外金融机构的更大竞争,将在某种程度上增强金融城内部传统金融机构的活力。但事与愿违,这些银行都被淹没了,美国、德国和日本的银行蜂拥而至,还有许多金融城的人卷钱跑路。

我记得我在《金融时报》任职初期,银行被要求保持严格的流动性和资本比率。在20世纪80年代的撒切尔市场改革中,这种"老掉牙"的保守做法被认为已经过时。随后便是1989年柏林墙倒掉,1991年苏联解体,以及一种极端自由市场方法的盛行,我想我在我的另一本书中对此进行过警告。

银行业危机是这一趋势发展的终极结果。

伴随美国投资银行入侵伦敦城而来的还有一种新的文化——工作更努力,工作更长时间,面临更大的风险,以及对于那些所谓进行成功交易的人来说高得离谱的回报。金融城的宗旨曾经是为商业、工业和普通人的利益服务。不幸的是,银行与客户之间出现了巨大的鸿沟——我得赶紧补充说明一下,并非所有银行都是如此,但英国传统价值观已经受到了严重的腐蚀，让那些崇尚浮华的银行家们失去了与现实的联系。戈登·布朗还记得2008年与一位著名银行家的一次谈话："银行家判断失误的后果正在显现，所以我质疑他们继续向银行家发放巨额奖金是否合理。'但是他们会离开这个国家的，'他说。我努力克制自己，没有给予他普通公众可能给予他的那种回应。"

这让我想起了银行业危机之后我去华盛顿参加的一个高级研讨会。大会期间，20世纪80年代初担任美联储主席的沃尔克曾做过如下的评论："华盛顿的人告诉我，银行家们的奖金是合理的，否则他们将从纽约搬到伦敦去。但我今天早上在《金融时报》上看到，高额奖金在伦敦也是合理的，原因是不这样做的话银行家们将迁往纽约。"

在银行业危机之后，沃尔克还谈到了一个重要问题——在我看来，他这样说只是在半开玩笑——在所有开发的"新金融产品"中，近几十年来唯一值得一提的金融创新就是那个可以提取现金的机器，也就是"自动柜员机"（ATM）。

沃尔克还对现代投资银行的做法及其对危机的贡献提出了批评。我很幸运，在华盛顿参加了几次银行家研讨会。会上，崇尚旧式价值观的沃尔克对现代金融实践提出了尖锐的批评。但他的继任者、被其传记作者称为"大师"的格林斯潘对此却深信不疑。

尽管女王本人提出了那个著名的"为什么没有人警告银行业危机"问题，但其实在经济崩溃之前，不乏对此感到不安的官员和经济学家——一个著名的例子就是拉格拉迈·拉詹（Raghuram Rajan，时任国际货币基金组织首席经济学家），实际上，当他在2005年8月举行的杰克逊霍尔中央银行家年会上表达自己的担忧时，他的观点受到了压制。比尔·怀特（Bill White），时任巴塞尔国际清算银行首席经济学家，也发布了许多警告，许多记者对此进行了报道，其中包括《金融时报》的马丁·沃尔夫和《观察家报》的我。

不幸的是，所谓的放松管制奇迹风靡一时，共识和从众本能决定了一切。花旗银行的查克·普林斯（Chuck Prince）曾说过一句狠话：即使问题即将出现，参与者也必须"继续跳舞"。

在这一点上，我要向已故的玛格丽特·里德致敬，她是我20世纪70年代在《金融时报》的同事。1988年，她出版了一本关于1986年"金融大爆炸"的书，题名《金融城之变》（*All Change in the City*），对肆无忌惮的放松管制可能带来的有害后果进行了敏锐的观察。她特别关注这样一个事实，即"货币市场流动的资金是基础贸易和无形业务中流动的资金的30多倍。"此外，她还强调了金融城的另一个让人不安的特点，即有充分的证据表明，企业精神已经越界了，导致一些操作与英国法律相抵触。

无论如何，不管怎样，所有这些因素导致了政治家、央行行长和官员们必须应对的2007年至2009年的银行业危机。戈登·布朗可能不是唯一的一个因为在议会里发表自己"拯救了世界"而自责的人——如前所述，是经济学家克鲁格曼首先做出了这样的评价。尽管如此，他在2008年末的银行资本重组运动以及2009年4月初在伦敦举行的二十国集团会议上达成的对世界经济的万亿美元刺激计划中发挥了关键作用。戈登·布朗主持了那次会议，并受到时任美国总统奥巴马的赞扬。

虽然在处理其梦寐以求的首相职位问题上遭到了各种各样的批评，但论及应对第二次世界大战以来发达经济体遭遇的最大经济危机时，戈登·布朗无疑是最合适的人选。他拥有合适的地位和丰富的人脉，当了八年的财政大臣，还担任了国际货币基金组织临时委员会主席。

我记得，在一次伦敦举行的英德高官晚宴上，我坐在一位欧洲财政官员的旁边。那是1999年10月，戈登·布朗担任财政大臣才两年时间。"我很惊讶，"那位官员说，"你们的财政大臣竟然想要离开这里，到国际货币基金组织去工作。"我也很吃惊！这也是我第一次听说此事。我回答说："这很有趣，不是吗？"他接着说道，戈登·布朗打电话给他们的部长，询问他是否会支持其竞选国际货币基金组织总裁一职，他们的部长感到十分讶异。

在随后那个星期日的专栏文章开篇段落中，我借用了这段对话。不过，我并没有引用这个意外的消息来源，我以设问的方式提出了采取这一行动的可能性。那个周末，我到牛津郡的迪奇利公园参加一个会议。我弟弟维克多是《卫报》的值班编辑，而时任《观察家报》主编的艾伦·罗斯布里杰（Alan

Rusbridger）也曾是该报的编辑。

维克多打电话给我说罗斯布里杰打电话问他，我报道的内容是否是真实的，如果是，为什么不放在头版位置。我忠诚的兄弟回答说他确信报道的内容属实，并且同样确信以这样的形式出现是有充分理由的。（虽然维克多和我经常联系，但在这篇报道刊出之前，我们并未就此进行过任何交流。）

事实是，对我来说很明显，作为新闻报道，我的信息很容易被否认。戈登·布朗喜欢开放的选项，而且对任何他感兴趣的提案都会进行详细的审查，他的这一做法在工党圈子里是出了名的。为了财政大臣一职他准备了很多年，而且还列出了许多他想实现的目标。国际货币基金组织总裁是一个享有盛誉的职位，但是，根据我的经验，担任这一职务的政治家们通常都是为了重返其国内政坛。（当然，多米尼克·斯特劳斯-卡恩是个例外，他因一些他本应该能够处理好的事情而无法重返法国政坛。）

对戈登·布朗来说，担任财政大臣才两年时间就跳槽的确非同寻常。此外，在与布莱尔关于谁"接任"首相的没完没了的讨论中，他把这个话题当成了讨价还价的筹码。如果非要说点什么的话，那就是上述那位欧洲财政官员对戈登·布朗希望任职货币基金组织的反应令人难以置信，但它足以让我相信在处理这一话题时必须谨慎行事。当然，没有人否认我在专栏里写的东西。

可悲的是，许多年后，戈登·布朗会喜爱上国际货币基金组织的工作。在全球金融危机期间，他扮演了重要的角色。之后，他对许多国家采取紧缩政策的方式感到担忧，因为当时人们尚不清楚可持续增长是否有望恢复。

2011年，多米尼克·斯特劳斯-卡恩被迫辞职，从理论上来讲，这是戈登·布朗任职国际货币基金组织的绝佳机会。但不幸的是，从另一个角度来看，这个时机却糟糕透顶。时任财政大臣的是财政紧缩政策的拥护者奥斯本。

尽管英国是1944年促成国际货币基金组织诞生的《布雷顿森林协定》的最重要缔造者之一，但英国从来没有为其最高职位安排过候选人。而戈登·布朗应该是我们2011年的杰出潜在候选人：他不仅在财政部任职十年，而且大部分时间里，他还担任国际货币基金组织关键决策委员会——国际货币和金融委员会（the International Monetary and Financial Committee，IMFC）——的主席，在此期间，他给其对手和该机构官员留下了深刻的印象。但他没有得到多方足够的支持。

2010年至2016年：奥斯本的紧缩政策

我之前提到过，我曾经到《金融时报》进行面试并最终获得了在那里工作的机会，面试期间，当时最伟大的评论员之一桑克斯走了进来。主编牛顿对待他的方式让我立刻明白，他很喜欢把这位著名的畅销书《停滞不前的社会》的作者当作一名普通员工来对待。

当我正在写这本书的时候,另一位《金融时报》前同事告诉我,他一直在读桑克斯的那本书,而书中透露出的语气让他感到惊讶。该书的标题可能有着这样的暗示:20世纪50年代末和60年代初,英国经济存在诸多问题,但在桑克斯看来,我在剑桥大学学到的那种凯恩斯主义经济学已经彻底改变了世界。至于衰退,更不用说萧条了,在美国和英国已经成为过去。因此:

> 二十年的时间不足以使英国工人阶级习惯于这样的观点,即充分就业和繁荣将会继续保持下去。因此,将每一次暂时的贸易低迷都看作是世界末日的来临,施食处重现街头,求职人员又排起长队……很显然,这种态度十分不切实际,十分悲观——可以说是自暴自弃。

然而,倘若桑克斯2010年以后依然还和我们在一起的话,那么他会发现施食处依然遍布伦敦及各个郡府的街头。我们确实经历过所称的"大衰退",而一些经济学家和评论员,包括我自己,更喜欢直言不讳地将其称为萧条。

1979年至1981年和1990年至1992年的经济衰退糟糕透顶,但上一章提到的银行业危机更是导致了第二次世界大战以来最大的经济衰退。货币和财政刺激组合措施的实施扼制了这种颓势。但是,2008年下半年和2009年初的几个月里,世界贸易以每年20%的速度崩溃。2009年4月1日和2日,20国集团会议在伦敦召开,这是一个历史性的时刻,戈登·布朗展现出了非凡的领导能力,使得政策制定者能够在这一天达成共识。

不幸的是,这种缓解状态只持续了很短一段时间。2010年5月,戈登·布朗的政府被英国选民草率解散,卡梅伦政府上台,奥斯本担任财政大臣,后者立即开始实施紧缩政策。此外,在2010年英国选举后不久于多伦多举行的二十国集团会议上,奥斯本站在德国代表一边,非常成功地扭转了一年多前二十国集团达成的刺激方案。

我知道,在奥斯本出任财政大臣之前,很多财政大臣与英国两大政党的人士都保持着良好的关系。他们之间可能会有政策或意识形态上的分歧,但仍然彼此尊重。而奥斯本推行紧缩计划的方式有些愤世嫉俗,坦率地讲,他的做法让我感到非常不满。他和首相卡梅伦一开始就把金融危机归咎于英国"工党乱局"。

唉,这是一场精彩的宣传转向,英国公众却很受用,他们的灵魂深处似乎有一种自虐倾向。一次又一次,包括我在内的许多经济学家和评论员反复指出,工党不是美国和欧洲大陆经济衰退的罪魁祸首。国家债务猛增,预算赤字达到战时的比例,这都是席卷西方世界大多数国家的危机造成的。我的朋友麦克弗森爵士（后来的勋爵），当时是英国财政部最高级的官员，支持采取紧缩措施。传统上，英国财政部自然倾向于抓住几乎任何借口削减公共开支。麦克弗森爵士很高兴自己不是凯恩斯主义者，而是战前财政大臣菲利普·斯诺登的崇拜者。然而，英国工党对菲利普·斯诺登却是深恶痛绝，因为他在经济萧条时期的预算太过正统。但是，麦克弗森坚信公务员的中立性，不接受误导性的宣传。我曾写过一本书对此次危机进行回顾，其中谈到，麦克弗森强调说"这是一场纯粹的银行业危机"，我相信他的言论让财政大臣奥斯本十分恼火。

我应该指出的是，戈登·布朗在这个时候担任财政大臣会鼓励英国财政部放松对公共支出的限制。戈登·布朗提议冻结1997年至1999年两年公共支出的做法给人留下了"谨慎"的印象，但此后——尤其是旨在帮助穷人的时候，戈登·布朗可以说把英国财政部变成了一台花钱机器。不过，批评人士过分夸大了他放松"谨慎"的程度，其实教育和卫生服务部门才是最主要的受益者。

事实上，谈到净债务与GDP的关键比率，1997年至2007年戈登·布朗担任财政大臣期间和任期结束时的数据要好于克拉克于1993年至1997年担任梅杰政府财政大臣期间的数据。这一比率的大幅上升出现在2007年至2009年国际金融危机爆发期间。尽管关于英国"工党乱局"的宣传非常成功，但事实是，英国2007年政府净债务占国内生产总值的比例低于除加拿大之外的其他任何一个七国集团成员。随后的增长率从2006—2007年度的35.9%上升至2009—2010年度的52.5%——这反映了经济衰退对商品和服务需求的影响,而由于2007年至2010年英国失业人数增加了80万,税收和社会保障额外支出也受到了影响。

我担心,奥斯本和时任英格兰银行行长默文·金之间存在联盟。在英格兰银行这一状况令人恐慌。在与希腊经济困境做过比较之后,人们发现,与英国不同,希腊的经济困境更加严重,而且毫无信用可言。然而,金鼓励奥斯本和他的联合伙伴自由党领袖尼克·克莱格（Nick Clegg）在经济复苏之际草率地实施限制性政策。

毫不过分地讲,英国经济迅速复苏的势头遭到迎头痛击。英国政府削减公共开支,尤其是投资,同时大幅增税。不过,工党政府临时提高最高税率的做法得到部分扭转,这对于即将经历最艰难时刻的英国普通民众和穷人来说应该是件好事。

奥斯本对紧缩政策的所谓必要性做了大量的研究。这让人联想到"二战"后初期以及1945年至1951年艾德礼政府时期的紧缩政策。但那是一场完全不同的危机。战争结束时英国几乎处于破产状态。我们花了好几年时间才适应了从战时经济向和平经济的转变。随着军人重返劳动力市场,原本在兵工厂工作的普通工人出现剩余,这些人被重新分配到其他与民生相关的工作岗位。但当时货物严重短缺,由于缺乏资金,进口也受到限制。在经济复苏之前,必须增税以抑制消费需求。在很长一段时间里,"太多的钱追逐太少的商品"。

几年前,我的书《奥斯本先生的经济实验》(*Mr Osborne's Economic Experiment*)由伦敦国王学院的斯特兰德集团出版发行。我敢说,我书中讲述的两个关于战后财政紧缩的家庭故事真的打动了年轻的读者。一个讲述的是因为配给太严格,我和弟弟不得不分吃一个煮熟的鸡蛋。另一个——与第一个相关——讲述的是,当我们的母亲告诉我的弟弟,另一个孩子可能会降生到我们家里时,他说道:"我宁愿要一只会下蛋的母鸡。"

从2010年6月奥斯本的第一份预算开始,我就毫不犹豫地在我的《观察家报》专栏中对他的紧缩政策进行抨击。他对经济持续复苏的预测错得离谱,基本原因有两个:一是他公开采用财政政策限制经济复苏的速度,增税同时减少公共支出;二是他依靠货币政策来抵消财政政策的通货紧缩影响,此举基本上毫无用处,因为随着大多数工商业潜在借款人很快意识到自己的成本,银行现在正从一个极端走向另一个极端。在金融危机爆发前,他们的高风险贷款受到国家的救助,而现在他们不愿意申请贷款:银行对那些本应该暂时陷入困境、但由于它们的帮助而永久陷入困境的困难企业采取惩罚态度。

奥斯本的政策不仅仅是忽视,实际上是在嘲笑希利"当你在坑里时,就不要挖得更深"的定律。英国经济确实在"坑里",刚从战后最严重的经济衰退中恢复过来,2008年至2009

年，GDP急剧下降4.2%。

这是20世纪30年代以来英国最大的一次经济衰退——实际上是大萧条。

在过去的几年中，英国经济衰退——与此次衰退相比都微不足道——之后，随着经济复苏并回到经济学家所称的"趋势增长"（trend growth），即传统上每年大约增长2.5%的时候，通常会出现几年高于平均水平的增长期，增长率达到3%或者4%——而1964年财政大臣莫德林（前面提到过）领导下的经济快速增长时期，增长率达到6%实属罕见。实现这一目标的方法就是控制经济复苏进程，防止其失控导致通货膨胀加剧甚至加速。

人们很快发现，奥斯本是在以预算"危机"为借口，缩小公共开支规模。传统上，财政部在实施通货紧缩政策时，往往会采取增税和削减公共开支各占一半的做法。

但是，奥斯本却将公共开支减少五分之四，而仅增税五分之一。此外，削减的重点是公共投资和社会服务，并将大部分造成困局的责任推到英国地方政府身上。

英国政府对地方政府的拨款减少了40%——而这部分拨款是那些在当地服务部门工作或依靠这些部门的人渡过难关的保证。等待手术和住院的人越来越多；住房短缺演变成了一场严重的危机，更多无家可归的人露宿街头；像图书馆开放和道路修缮这样的基本服务都被忽视。除了一些大城市为数不多的几个显著变化之外，比如伦敦圣潘克拉斯车站和国王十字车站的建设，整个英国可谓是一副破败景象。宏观经济对英国基础设施的影响体现在一组惊人的统计数据中：英国公共部门净投资从2010年的600亿英镑下降到2016年的350亿英镑。

几年来，英国似乎同时经历了两个最糟糕的局面：一是经济增长缓慢，外加限制性经济政策；二是在削减预算赤字方面也进展缓慢。从凯恩斯主义角度来看，这一点也不奇怪：一个经济体需要赤字融资才能摆脱经济衰退，而为了增加财政收入，还需要一个像样的增长率，而且——不可思议！——还要减少赤字。奥斯本的继任者菲利普·哈蒙德（Philip Hammond）继续推行紧缩政策，但在2018年秋开始谈论经济增长与自动削减赤字之间的联系——这似乎是对奥斯本逃避凯恩斯主义做法的扭转，然而，一切都为时已晚。

在2010年后的英国政府宣传中，我们看到了撒切尔夫人在20世纪80年代早期非常青睐的"家庭经济"时代的回归。根据这一原则，国家被视为一个家庭。一个家庭在财政遇到困难时怎么办？削减开支。假如每个人都根据家庭经济状况削减开支的话——如果大多数家庭削减开支——那么对商品和服务的需求就会有一个巨大的缺口，失业率就会上升。事实上，在2007年至2009年的经济衰退，英国失业率确实有所上升，从2007年的5.3%上升到2011年的8.1%。此后，英国失业率缓慢下降，当然其下降的速度不会像在古典经济复苏时那么快，原因是受到紧缩政策的影响。

第二章 亲历九次危机

研究1939年至1945年第二次世界大战以及向和平过渡时期采取的那一时期的历史学家普遍认为,紧缩政策所造成的负担由社会各阶层的人共同分担。然而,在奥斯本统治财政部期间,负担大多落在了弱者和穷人身上。我还记得和戴维·康威尔(David Cornwell,又名约翰·勒卡雷,John Le Carré)在伦敦肯伍德的露天咖啡馆进行的讨论。他突然说道:"这是计划性贫困!"

"哇!"我说。"我可以引用你的话吗?"

许多慈善机构、研究机构以及当地报纸都对"计划性贫困"的破坏性影响进行了深入的探讨。

可怕的是,它不仅造成了英国广泛的贫穷和社会苦难,而且在经济上也是不必要的,甚至是破坏性的。

尼尔德教授——就是曾在20世纪60年代中期担任财政部首席经济顾问——在为英国皇家经济学会撰写的一篇文章中,阐述了这项政策在经济上的荒谬之处。他是在2010年预算案公布后不久写的这篇文章,而该预算案昭示着奥斯本紧缩政策专政的开始:

> 信心,或者说缺乏信心,是经济危机的核心。奥斯本认为,他严厉而紧迫的预算紧缩是基于保持信心和避免对我们主权债务构成威胁的需要。但是,预算政策,加上国外商业前景的不确定性,削弱了我们企业家的信心,使我们陷入萧条。

正如他所指出的那样，如果企业家想投资建设新楼房或者制造新机械，从而创造更多就业机会的话，那么他们必须对所投资产品的未来需求有信心。但由于奥斯本的通货紧缩预算，"这种信心已经从他们身上消失了"。假如这样做的目的是提振外国的信心，那么，这个理由显然站不住脚，因为外国对英国经济的信心受到的威胁被夸大了。事实上，奥斯本集团的这一做法恰恰降低了国外对英国的信心。人们不会想到，虽然2010年英国政府公布的数据看上去令人感到恐怖——英国政府债务总额占其GDP的比例为80%——但它却低于法国和德国的水平。这三个国家都受到了金融危机的影响，都遭受了第二次世界大战以来最大灾难的冲击。

从这几年关于英国经济政策的报道中，读者们可能已经注意到，作为一名评论员，我偶尔会感到有点孤立无援——比如，20世纪80年代早期我反对撒切尔主义和货币主义，认为她对英国工会的权力和"不满的冬天"反应过度，但是，很多人却不认同我的观点。

同样，1990年，当几乎所有英国政府机构都赞同将英镑纳入欧洲汇率机制时，我却不合时宜地辩称，英国政府是在错误的时间，因错误的理由，以错误的汇率加入该机制的。

奇怪的是，随后几年我竟然与我为之工作的报纸所奉行的政策格格不入。

进入新千年之后的前十年——人们通常以"世纪之交"这个流行语来称呼它——其中的前五年，经济相对平稳——当时的英格兰银行行长默文·金将其称为"美好的十年"。

随着2003年伊拉克战争的爆发,我的专栏出现了一个奇怪的转折。苏伊士运河战争爆发时,我上六年级,从那时起我开始阅读《观察家报》。我十分赞赏它对首相罗伯特·安东尼·艾登爵士(Sir Anthony Eden)以及注定失败并最终以灾难结束的入侵苏伊士事件采取的立场。在布什-布莱尔入侵伊拉克之前,令我感到恐惧的是我从苏伊士运河战争爆发的那个年代起就仰慕并自1977年以来一直为之工作的那家报纸显然将支持此次侵略。

我吓坏了,于是写了一个简短的只有十段话的私人便条给主编罗杰·阿尔顿(Roger Alton),解释为什么我认为英国卷入其中是错误的,如果曾经在苏伊士事件报道上采取正确做法的《观察家报》支持这场战争的话,那将是一个灾难性的错误。罗杰把我的字条在全体职员中传阅,我得到了不少的支持。然而,我却没有收到主编本人的支持,面对布莱尔"紧紧拥抱小布什"的致命决定,主编将《观察家报》的一切都抛于九霄之外。

长话短说,在经济政策相对平静的时期,我在《观察家报》上的专栏继续详述本次入侵的愚蠢行为,这完全不符合该报的编辑路线。公平地说,虽然主编很清楚我在干什么,但他从来没有反对过我的"抵抗"专栏——至少没有当面反对。

在那段时间里,我遇到过很多人,他们对报纸很反感,也有人不再购买我们的报纸。他们感到震惊、困惑和难过。这种感觉挥之不去。大约十年后，在滑铁卢车站排队买票时，我偶然遇到了英国广播公司伟大的驻外记者马丁·贝尔（Martin Bell），一看到我他就问道："《观察家报》为什么支持伊拉克战争？"

谈到紧缩危机时，我很快意识到自己再次陷入孤立无援的境地，因为由奥斯本领导的联合政府的宣传非常成功，不仅把这一切归咎于英国"工党乱局"，而且还夸大了预算赤字规模所造成的危险，其实它正在成功抵消大萧条产生的危害。

在我看来，有太多人接受了他们的论点。其中一些人可以被原谅，因为他们没有接受过经济学方面的训练，容易受到"家庭经济学"的蛊惑，但另一些人应该对此有更清晰的认识。

我不想夸大"孤立无援"的境况。一些坚定的凯恩斯主义者也对奥斯本的权威提出了挑战。其中包括美国经济学家、诺贝尔奖得主克鲁格曼和牛津大学教授西蒙·雷恩-刘易斯（Simon Wren-Lewis），我之前已经提到过的老朋友尼尔德，还有《金融时报》评论员沃尔夫以及国家经济和社会研究所的乔纳森·波特。当一个人面对成功的英国政府宣传而感到孤立无援，怀疑自己是否真的错过了什么的时候，从上述这些人最新的著作或其他著作中寻求安慰可以说是一种解脱。

正如我们过去常说的那样，人多安全。

在这方面，我要强调的是，在我与《观察家报》的关系中，没有什么比反对紧缩计划更像反对伊拉克事件的了。该报的主要文章,以及我的同事威尔·赫顿的文章,都反对卡梅伦联合政府的政策,并对其产生的社会影响进行了广泛报道,而波利·汤因比(Polly Toynbee)和她《卫报》的同事也是如此。

用鲍尔斯的话来说,2010年至2013年的经济是平淡的。鲍尔斯在2010年8月的彭博社演讲中对奥斯本的政策提出了强烈的批评。当时,奇怪的是,虽然其在经济学研究方面资历深厚,但他并没有被任命为影子大臣。

如果说紧缩政策有一个宏观经济理由的话,那就是财政紧缩将被货币政策所抵消——低利率、量化宽松(扩大货币供应量的委婉说法)。但信心没有了,银行也不放贷了。事实上,英国官方的信贷增长数据正在倒退。正如沃尔夫在2013年温科特演讲中指出的,"货币政策显而易见绝对未能促进复苏。动物精神被彻底摧毁。需求下降。该政策注定会失败。"

就在这个时候,为了证明紧缩政策的合理性,人们创造了一个短语:"扩张性财政紧缩"。当然,该术语在表述上是自相矛盾的,用现代流行的词汇来说就是矛盾修饰法。

那些接受——实际上,是积极支持——这一战略的英国财政部和英格兰银行的官员,在金融危机之前,沉醉于英国财政部严重依赖银行和其他金融机构来创收的方式,这部分收入占该部门税收收入的四分之一,可以说,英国财政部得到了纳税人的救助。然而,这些收入的损失并不能成为打压其他经济领域的借口,相反地,为了获得替代性收入,应该对它们进行刺激。

那些支持紧缩政策的人曾经辩称，奥斯本只是雷声大雨点小，毕竟，英国经济一直在增长。但关键是，英国花了很长时间才恢复到危机前的水平，到卡梅伦联合政府执政结束时，产出比历史趋势预期低20%。

到了2018年，特雷莎·梅（Theresa May）政府吹嘘说当时的预算赤字处于平衡状态，给人留下的印象是，无论如何，紧缩政策是值得的——该政策已经得到回报。但是，从宏观经济角度来看，关键问题是：这是在何种水平上的平衡？重要的不是预算平衡，而是整个经济的平衡。

我们将在下一章讨论有关英国全民公决的话题，但此时我必须强调：我坚定地认为紧缩方案累积的影响催生了英国全民公决，促成了这次所谓的抗议投票。

另一个重要的观点是，正如我在2018年秋天所写的那样，紧缩时代还远远没有结束。人们可能曾经被误导过一段时间，当时梅接手了唐宁街10号，她似乎想改变公众脑海中保守党的刻板印象。事实上，早期有迹象表明她非常清楚她继承的社会问题，并真心希望解决这些问题。后来，她以一种戏剧性的方式，毫不客气地抛弃了奥斯本，展示了她对这位紧缩政策设计师的看法。

这件事发生在她意识到英国脱欧将吸收她大部分政治能量之前。与此同时，来自预算责任办公室（OBR）的报告和来自英国财政研究所的警告都清晰地表明，紧缩政策将继续实行下去——事实上，社会服务开支受到的挤压将变得更加严重。

当时英国的宏观经济背景是，经济的基本增长率已经放缓。尽管毫无疑问还有其他历史力量在起作用，但显而易见的是，紧缩政策对公共和私营部门投资的冲击已经对英国生产力造成了影响。因此，如何提高英国的生产力水平已经成为英国政府和许多经济机构关注的焦点，也成为《金融时报》读者来信栏目中争论不休话题。

最重要的是，英国政府处理脱欧问题的不确定性对投资计划造成了进一步的打击。

在2018年10月关于英国脱欧的疯狂谈判中，梅首相竭力声称紧缩时代已经结束。然而，尽管有各种政治辞令的修饰，但财政部、英国预算责任办公室和各种智囊团的分析都表明，这种情况将继续下去。事实上，预算责任办公室的数据显示，自公投以来，英国经济已经受到严重损害，而且，无论是所谓的硬脱欧还是软脱欧，任何一种情形都会使英国的经济变得更加糟糕。

2016年：英国公投和脱欧威胁

2016年7月13日星期三晚上8点15分，大约三个星期前，英国的选民以51.9%对48.1%的票数决定脱离欧洲联盟。

我参加了外交和联邦事务部（Foreign and Commonwealth

Office，FCO）的一个酒会，所有的谈话都是关于公投结果带来的震惊、恐惧和可能的影响。我采访的人中有多位前财政部常任秘书长、前内阁秘书和各层级的外交部官员。在所有的英国机构中，外交部或者说外交和联邦事务部是最忠实的亲欧派。但当我沿着富丽堂皇的——仍然让人想起英国的辉煌时代的——外交部大楼庄严的走廊离开的时候，一个路过的服务员透露了一条消息：新首相梅刚刚任命亚历山大·鲍里斯·约翰逊（Alexander Boris Johnson）为外交大臣，此人是主张脱欧的重要人物之一。外交大臣！脱欧的主要倡导者。

和我一同离开外交部大楼的还有两名学生，一个正在伦敦国王学院学习，我曾在那里担任过客座教授。当我们经过白厅时，另一个学生指了指在红狮酒吧外的街边喝酒的一群人。

"那个人看上去像大卫·戴维斯（David Davis），"他说。

"没错，就是他，"我说。

"您想过去跟他聊聊吗？"

"好的，走吧。"

我们走了100码左右（约91米），我还没来得及说什么，戴维斯就说："他们已经叫我脱欧先生了。"

正是在这个红狮酒吧里，我的朋友肯尼思·贝里尔爵士（Sir Kenneth Berrill）听到一些所谓的百事通在高谈阔论1973年至1974年石油危机影响下的英国经济。他打断了他们的话，说："情况不是那样的。"

"你知道什么？"

"嗯，我是财政部的首席经济顾问。"

"我还是女神呢！"

1997年，也是在红狮酒吧，查理·威兰（Charlie Whelan）——财政大臣戈登·布朗重要的随行人员之一——接到首相布莱尔的电话，爆料给他说，财政大臣已经提出英国是否有可能加入单一货币安排的问题。

在这一点上，值得强调的是，尽管戈登·布朗被认为是将英镑排除在欧元区之外的功臣，但他本人却是一位地地道道的亲欧人士。这一直是脱欧者的荒谬所在，欧洲各国的发言人和谈判代表（正确地）指责他们想要鱼与熊掌兼得。然而，英国加入欧盟同时获得欧元区豁免权，这对我们来说确实是一件两全其美的事情。正如有人所说，只要英国不继续脱欧，英国就能够充分享受这种双重利好——加入关税同盟和单一市场的经济优势——不受欧元区成员国所要求的经济政策的限制（最明显的就是汇率刚性限制）。

我不知道有哪个脱欧者——无论出于何种原因批评戈登·布朗——会不夸赞他让财政部进行的五项测试，评估加入单一货币的利弊，并最终决定留在欧元区之外。针对欧洲怀疑论者的宣传，这可以说是一个典型的例子，说明英国不是"由布鲁塞尔管理"的，英国没有牺牲自己的主权。

首先，我要强调的是，尽管有那么多评论员在谈论脱欧，但脱欧尚未发生时，我仍然是希望避免脱欧的人之一。然而，在2018年的大部分时间里，尽管毫无疑问英国广播公司的记者们在竭力做到"平衡",但从他们设计的问题就可以看出,他们是以一种令人沮丧的失败主义方式在做出推断:英国脱欧是不可避免的。

已经进行的英国全民公决结果显示,只有不到52%的投票人选择离开欧盟,48%的投票人选择留在欧盟。无论以何种标准来衡量,这都是微弱多数决定如此重大国家决策的典型案例。而当人们意识到投赞成票的人只占全体选民的37%时,整个事件看上去就愈加的荒谬。

因此,当一个人反复听到"英国人说了算",并被告知公投的结果必须得到尊重时,在我看来,他应该对此持保留态度。

如果脱欧继续进行,这对英国将是一场悲剧,对欧洲其他国家将是一个坏消息。在20世纪60年代的大部分时间里,英国都试图加入当时的欧洲经济共同体;英国的申请遭到戴高乐总统的两次拒绝。1973年,希思与乔治·蓬皮杜(Georges Pompidou)总统的良好关系帮助英国进入了该组织,这是希思首相的胜利。

几十年后,正是撒切尔夫人领导下的英国政府大力推动形成单一市场,也正是英国主张扩大欧盟范围,接纳东欧的苏联成员国。

英国退出关税同盟和单一市场无疑会对英国经济造成威胁,此外,对英国来说,离开一个旨在推进国际安全的合作联盟,似乎是一个不可原谅的短视行为。

我认为，公投结果可能是半个世纪以来我不得不报道的最大的经济危机。正如我们所看到的，1967年的英镑贬值在当时及其后很长一段时间里都被认为是一场巨大的危机。然而，最终，对英国工党来说这更像是一场政治灾难，而不是一场经济危机。尽管"口袋里的英镑"一幕让事情变得很糟糕，但实际上，从国际竞争力的角度看，这是对汇率的必要调整。

这本书中涉及的其他危机也具有重大的政治和经济意义：三天工作制与1973年至1974年的第一次石油危机和1976年的向国际货币基金组织借款危机直接相关，对希思领导下的保守党和卡拉汉领导下的工党都产生了连续的政治影响。1979年至1981年的施虐货币主义是早期撒切尔主义的一部分，当然可以用"危机"这个词来形容，我希望我在之前的章节中已经阐明了这一点。

1992年"黑色星期三"危机是1967年货币贬值危机的镜像，因为这是对汇率的必要调整，但是，梅杰执政的保守党政府的声誉大损。2007年至2009年的国际金融危机无疑是第二次世界大战后最大的经济危机，这场危机的后果在2018年依然存在——2010年以后的紧缩危机的后果也是如此，在英国，这场危机加剧了银行业危机造成的损害。

所有这些危机与英国脱欧威胁之间的区别很简单：尽管它们的影响可能因经济政策的错误而加剧，但这些危机都不是英国人民自愿选择的结果。

我十分清楚，以前的危机是由英国人民选出的政府来应对的。1979年至1981年的施虐货币主义是选民对卡拉汉政府幻想破灭的结果。然而，1979年的英国选民中是否有许多经济政策虐待狂，他们是否有意识地投票支持了自20世纪30年代以来最大的经济衰退，令人怀疑。

但是，尽管大卫·戴维斯等大臣声称英国人民以"响亮的"多数票投票决定脱离欧盟（正如我们所看到的，只有37%的选民，相当于27%的人口）存在瑕疵，但他们还是投票决定脱离欧盟——在很大程度上，他们并不了解脱欧的含义。尽管有各种各样的误导性信息和彻头彻尾的谎言（每星期为英国国民医疗服务体系提供3.5亿英镑），但这项决定并不是强加给他们的。

永远不要忘记，公投之后第二个最受欢迎的搜索词是"什么是欧盟？"此外，令人惊讶的是，在全民公决之后，伊万·罗杰斯爵士（Sir Ivan Rogers），英国驻欧盟前大使，不得不向内阁中的三位主要脱欧者解释什么是海关联盟和单一市场。事实上，直到今天，我遇到的一些非常聪明的人，他们也不知道。甚至当我在当地的一家咖啡馆就此写文章时，有人问我在干什么，而当我将此事讲给他听之后，他说："我一无所知。"

怎么会是这样？1975年，在我担任《金融时报》经济记者时，我们中的一些人被抽调出来专门负责报道公投活动。我被分配到东伦敦，最远到达根汉姆。与2016年相比，当时的气氛要温和得多。我记得，人们对结果几乎没有怀疑，不过，在查看旧剪贴簿时，我发现我当时在写作上还是比较谨慎的。

但与最近不同的是，当时投票的结果是赞成维持现状。在关于1973年加入欧洲共同体前和1975年公投前谈判的正式记录中，前高级公务员沃尔爵士记述了威尔逊首相所采用方法的精髓：

> 威尔逊不止一次对多诺休（Donoughue，后来的多诺休勋爵，唐宁街10号政策小组负责人）说，"反对者"的公投胜利将赋予"英国错误的人权力：以本恩（Benn）为代表的左翼和鲍威尔为代表的右翼，他们往往是极端的民族主义者、保护主义者、仇外者，他们反对进步"。

对于现代一些更为激进的脱欧者来说，这样的描述听起来不耳熟吗？尽管我一点也不愿意将所有的脱欧者视为一丘之貉，但我认为这些描述十分贴切。

据报道，在公投后的第二天早上结果出来的时候，威尔逊告诉他的首席私人秘书肯·斯托（Ken Stowe），"人们会说我没有战略，缺乏战略思维"。"潜台词是"，沃尔说，"自从1965年他第一次提出决定加入欧洲共同体是为了英国利益的观点以来，他基本上保持同样的观点。"

当然，就像1963年麦克米伦的申请被戴高乐总统拒绝那样，1967年威尔逊也曾遭遇戴高乐同样的对待。

希思和戴高乐的继任者蓬皮杜关系很好，因此，1972年英国的第三次申请幸运地获得成功，尔后于1973年1月加入欧共同体。但在1974年2月举行的大选中，威尔逊出乎意料地赢得了选举，工党宣称要重新就希思已经获得的条件展开谈判。正如沃尔总结的那样，威尔逊"已经意识到，要想在工党中赢得对反市场主义者的决定性胜利，唯一的办法就是超越党派，走向全英国。他花了十年时间才实现了这一目标"。

多诺休也进行过这样的描述，他的负责人"如愿以偿地把英国留在了共同体中，赢得了他在宣言中提出的条件（当然，是在外交大臣卡拉汉和年轻的初级大臣哈特斯利的帮助下，他们做了最重要的工作），他利用'威氏松紧带'把他的内阁和他的政党捆绑在了一起。"

颇具讽刺意味的是，不管卡梅伦是否意识到这一相似之处，他实际上是在试图"做一个威尔逊"，吸引民众，将其政党团结在一起。然而，与威尔逊不同的是，他失败了，而且败得很惨。尽管公投结果已经出来了，但自2016年6月23日以来，保守党的内部争斗却愈演愈烈。事实上，要不是害怕出现一个科尔宾政府，2018年的保守党似乎曾处于分裂的边缘。而这已经不是什么新的政治评论话题。

然而，在我们继续讨论之前，必须承认这一点，即使是威尔逊，尽管他有着高超的政治技巧，但他只是扼制住了工党内欧洲怀疑论这条毒蛇,却没能将它杀死。当在本恩的领导下,工党左翼对该党1983年的竞选宣言施加了危害巨大的影响时,威尔逊早已退休。这份宣言被工党议员考夫曼蔑称为"史上最长的自杀遗书",其中包括一个直接退出欧盟的承诺——无须全民公决!。

工党在1983年选举中惨遭失败时,迈克尔·富特是其领导人。迈克尔·富特是党内所谓的软左翼,他们的观点比本恩要自由得多。迈克尔·富特晚年的时候,我经常和他共进午餐——一起吃饭的还有吉尔摩,他是自麦克米伦以来最左翼的保守党人,还有《卫报》政治记者伊恩·艾特肯(Ian Aitken)。吃饭的地点是苏活区快乐轻骑兵餐厅,那里长期以来都是左翼和右翼政客出没的地方,墙上挂着许多经常光顾这里的食客的漫画像。

一次,有人顺口——也许不太得体地——提及考夫曼"遗书"那句话。迈克尔·富特很快就打趣道:"不过,他可是靠这个才当选的。"

事实上,这位前工党领导人早就摒弃了1983年时的立场,与他的继任者金诺克、布莱尔和戈登·布朗一起成了充满激情的欧洲人(不过,必须承认,作为财政大臣,戈登·布朗在布鲁塞尔的角力中不遗余力地掩盖了他的亲欧倾向。)

然而,当卡梅伦再次召集未能给保守党带来和平与安宁的全民公投时,欧洲怀疑主义在工党内部又沉渣泛起。不幸的是,对于亲欧一事,工党领袖杰里米·科尔宾(Jeremy

Corbyn）对留欧的支持充其量也是温和的，长期跟随他的人都认为他过去是而且现在仍然是一个欧洲怀疑论者。当然，与1975年工党其他政治家不同的是，在留欧问题上，科尔宾拒绝与保守党中的留欧支持者同台共舞。一份可靠的报告称，影子财政大臣约翰·麦克唐纳曾解释说，他和科尔宾发现自己不可能全身心投入2016年的留欧运动，不是因为他们把欧盟视为一个资本主义俱乐部，而是因为他们不想被人视为是一个"建制派阴谋集团"。

怎么会这样呢？一位保守党首相怎么能够以国家的未来作赌注举行公投，虽然此事重大，但他们对其中蕴含的危险几乎没做任何解释，也没有规定因为这个问题太重要而不能以微弱的多数决定呢？在脱欧者看来，主权从理论上来说是如此的珍贵，而按照埃德蒙·伯克（Edmund Burke）著作中曾描述的既定原则，即议员是选举产生的代表，而不是自封的代表，那么，为什么议会在事后迟迟不发挥作用呢？

尽管我的朋友们一向喜欢预测大选以及许多其他事件的结果，但长期的经验告诉我，在公共场合做预测必须慎之又慎。直到2016年6月23日灾难来临之前不久，我还倾向于这么说，英国人是一个天生保守的民族，*可能会选择维持现状*，就像他们——我们——1975年做的那样。

丹尼斯·麦克肖恩（Denis MacShane）的著作——后来证明是一本预言——《脱欧：英国将如何离开欧洲》(*Brexit: How Britain Will Leave Europe*) 出版后，我为国际货币金融机构官方论坛（OMFIF）月报写了一篇关于该书的评论文章，我竟然轻率地把上面的观点写了进去。

我说"可能"是因为在写这篇文章时，我仍然希望，不管怎样，政府能够在脱欧的事情上悬崖勒马。（脱欧已经成为我每两个星期一次的《观察家报》专栏的主要关注点。）但对于公投结果，麦克肖恩无疑是个预言家。就像他一年前指出的那样，"过去二十年，保守党一直坚持反对欧盟的政治路线。而工党一直保持沉默，没有提出一个积极且有影响力的亲欧洲主张。"现在人们普遍认为，在脱欧运动中，对欧洲持怀疑态度的媒体和疑惑重重的竞选承诺——更不用说彻头彻尾的谎言了——对公投结果产生了巨大的影响。

但是，麦克肖恩提出了另一个强有力的观点：英国可能退出欧盟的主要原因之一与其说是反欧盟编辑的敌意，倒不如说是那些认为自己亲欧但又不对欧洲恐惧论和歪曲言论进行反击的编辑们的冷漠。

麦克肖恩还十分关注英国独立党——旗帜鲜明地支持英国脱欧——逐渐获得优势的方式："英国独立党候选人在2014年欧洲和地方选举以及议会补选中赢得的选票为英国舆论和投票意向指明了方向。"

当然，独立党领袖奈杰尔·法拉奇（Nigel Farage）先生及其亲信实际上不是要把我们带出欧洲，而是带出欧盟。但是，一些更热衷于传播自己观点的英国脱欧者的谈话方式——尤其是迈克尔·戈夫（Michael Gove）早些时候在鲁伯特·默多克（Rupert Murdoch）的陪同下，与特朗普进行的令人恶心的"独家"会晤——给人的印象是，他们会很高兴看到这些岛屿被拖过大西洋，与美国紧紧连接在一起。

顺便说一下，脱欧（Brexit）一词六年来已经越来越流行。我曾问麦克肖恩这个词是不是他创造的。他说他是这么想的，但他的一位名叫彼得·威尔丁（Peter Wilding）的好朋友也对此提出了声索。不管怎样，麦克肖恩告诉我，他2012年的日记中有一条是这样写的："我忏悔，我是创造或者说是最早使用'脱欧'这个词语的人。"随后在英国《金融时报》上使用该词的专栏作家菲利普·斯蒂芬斯指出，这个词来源于Grexit，经济学家维姬·普莱斯（Vicky Pryce）经常使用这个词来描述希腊威胁退出单一货币的行为——一种以极大的代价牺牲希腊国内经济和希腊生活水平的可能性。

到目前为止，这种做法对希腊的欧元区成员国地位是有利的。希腊或许曾因欧元区的种种限制而饱受折磨，但在撰写本文时，它仍是欧元区的一个成员国，希腊脱欧（Grexit）没有发生。然而，除非我们的国家恢复理智，否则英国脱欧将会变成现实[①]。关于脱欧公投的原因，人们事后进行了无尽的反思，从对移民的恐惧到不满情绪累积导致的集体抗议，这种不满情绪源于全球化的冲击以及生活质量受到的持续挤压。这种挤压早在2007年至2009年的银行业危机之前就已经开始，后

[①] 英国于2020年1月31日正式"脱欧"。——编者注

又因我认为的一个判断错误的紧缩计划而进一步加剧。

在卡梅伦最初进行公投决策时,这些因素对其产生了影响。我们现在在必须综合考虑导致其首相任期内犯下战略错误的各种因素——这在政治上与布莱尔支持美国入侵伊拉克的灾难性决定不谋而合(隐瞒大规模杀伤性武器是否存在的事实)。

正如我在之前的一章中所写的那样,在转入经济学研究之前,我是一个古典主义者。在我最喜欢的书中,有一本就是修昔底德的《伯罗奔尼撒战争史》(History of the Peloponnesian War)。在这本书中,他尝试回答了这个问题——"战争的真正原因是什么?"

决定举行全民公决的真正原因是什么?我们看到,卡梅伦,无论是有意识地还是潜意识地,想"做一个威尔逊",吸引国民拥护一个分裂的政党。然而,下面这两股力量使他深陷困境:崛起的英国独立党以及在议会中占统治地位的保守党欧洲怀疑派。

是什么刺激了那些欧洲怀疑论者?在这里,我们又一次看到了两个关键因素相互融合产生的作用。首先是撒切尔夫人对1988年9月时任欧盟委员会主席雅克·德洛尔(Jacques Delors)在英国职工大会年会上讲话的反应。会上,德洛尔对"社会欧洲"(Social Europe)和工人权利热情洋溢地进行了阐述,其描绘的愿景让撒切尔夫人颇为厌恶,此外,他此时正积极倡导朝着单一货币方向发展。两个星期后,出现了著名的或者是臭名昭著的布鲁日演讲，撒切尔夫人宣称："我们没有全身而退回到英国境内，眼睁睁地看着他们重新让一个欧洲超级大国从布鲁塞尔开始在整个欧洲行使新的主导权。"

撒切尔夫人对欧洲的敌对情绪并没有因为财政大臣劳森坚持不懈地努力让她同意加入欧洲汇率机制而得到完全缓解。正如上文所论述的那样，她向英格兰银行行长利-彭伯顿提出了建议，但其产生的令人（令她）感到遗憾的结果让她非常不高兴。她建议利-彭伯顿在德洛尔委员会（又是那个人！）讨论推行单一货币的利弊时，按照德国央行行长珀赫尔的建议行事。令她惊讶的是，珀赫尔对该项目表示支持，同时坚持严格的德国央行式的条件，而利-彭伯顿"被同化了"。

单一市场则完全不同，她予以其大力的支持，给英国欧盟专员科克菲尔德勋爵（Lord Cockfield）提出了令人生畏的工作要求。事实上，克拉克在其回忆录中把单一市场描述为撒切尔夫人的"最杰出成就"。

这使得撒切尔夫人随后鼓励保守党欧洲怀疑论者的做法显得相当奇怪，因为欧洲怀疑论者鲜有例外一直傲慢地渴望放弃她的"最杰出成就"。

可以说，撒切尔夫人主要是被亲欧同事赶下台的，下台之后她感到非常痛苦，于是便把愤怒发泄到了继任者梅杰的身上，以及他一边试图"把英国置于欧洲的中心"（他的话），一边努力使其政党团结在一起的走钢丝做法上。

1991年12月，梅杰在马斯特里赫特成功地实现了退出单一货币的目标,从外交角度来看,他是成功的。他还通过谈判决定退出"社会政策"——考虑到撒切尔夫人对"社会欧洲"的担忧,这个决定应该会让她应感到高兴。(就我个人而言,我反对后一种做法,当布莱尔政府在1997年废除这一决定时,我感到很高兴。)

然而,保守党内欧洲怀疑主义运动背后一直有太多的推手。在我看来,撒切尔夫人和欧洲怀疑论者走向不归路的关键节点是——梅杰称之为"糟透了"的——"黑色星期三"。

虽然通过降低汇率,大幅放松货币政策能够使英国经济从1990年至1992年的衰退中恢复过来,但"黑色星期三"却是一场梅杰政府永远不可能从中复苏的政治灾难,事实也的确如此。对于撒切尔夫人和那帮快乐的欧洲怀疑论者来说,事实证明,她一直以来反对财政大臣劳森加入欧洲汇率机制是正确的。正如我们在前面关于"黑色星期三"的那部分内容中看到的那样,梅杰担任财政大臣期间英国加入了汇率机制,而在他担任首相期间英国又耻辱地退出了该机制。"黑色星期三"为议会的欧洲怀疑主义运动注入了新的活力。欧洲怀疑论者不停地抱怨唠叨,在英国独立党的帮助下,最终得到了他们想要的公投。然而,他们是否达到了终极目标另当别论,但关于这一切,他们似乎很困惑,更不用说妄想从中得到什么了。

激进的英国脱欧者将自己视为撒切尔夫人的接班人,赢得了她始终充满激情的反欧斗争。事实上,劳森勋爵也公开宣称,"英国脱欧给了我们一个完成撒切尔革命的机会"。我觉得这一点非常具有讽刺意味,因为几乎可以肯定的是,引发人们对公投结果不满的原因之一就是撒切尔式的对公共服务的攻击(即削减公共服务开支),而这一做法后来成为奥斯本紧缩计划的一个组成部分。

但是,查尔斯·鲍威尔勋爵的判断被忽视了。在撒切尔夫人担任首相期间,鲍威尔勋爵是与其接触最为密切的一位公务员。在牛津赫特福德学院的一次演讲中,鲍威尔说,"撒切尔夫人为一个更好的欧洲而奋斗,这个欧洲将更加符合经济繁荣和国际安全的要求。她的目标不是要削弱它,更不是要抛弃它。"这段话被记录在由安德鲁·阿多尼斯(Andrew Adonis)撰写的《半脱半不脱:首相们的欧洲观》(*Half In, Half Out: Prime Ministers on Europe*)一书中。

那些自称为撒切尔夫人的铁杆支持者以撒切尔夫人1988年布鲁日演讲为证据,证明她会赞成英国脱欧。鲍威尔就此回答说,"她接受欧洲怀疑论者的影响是有限度的。布鲁日演讲并非向他们投降,不是破坏和削弱英国的成员资格,而是一个为欧洲开辟新方向的宣言,使欧洲共同体更加成功。"

另一个与该事件密切相关的人是罗杰斯爵士——我们的驻欧盟前大使——他与布莱尔和卡梅伦都有过密切的合作。2017年在牛津的一次演讲中,罗杰斯爵士透露,2004年欧盟扩大之后,布莱尔在时任英格兰银行行长默文·金的建议下做出了不限制东欧移民的关键决定。当时的想法是来自东欧的额外劳动力将压低工资标准,帮助该行实现通货膨胀目标,而通货膨胀目标在当时似乎已成为宏观经济政策的终极目标。

后来,和卡梅伦一起工作时,罗杰斯爵士有机会观察到首相对欧洲看法的演变:

> 卡梅伦执政多年之后,面对欧盟谈判的日常现实,他的核心判断是,英国的最佳位置是在单一市场和关税同盟的外围围栏内。这不是狂热的亲欧情结:远非如此。这只是出于经济私利的冰冷算计——安格拉·默克尔(Angela Merke)曾经指责他在欧盟问题上没有做任何其他事情。

卡梅伦越是关注英国如何通过选择脱欧来确保自己的切身利益,罗杰斯爵士说,"那么结论就越明显:即使是'就在栅栏外'也和'就在栅栏里'完全不同"。

换句话说,尽管卡梅伦在与布鲁塞尔打交道时感到沮丧,但他非常清楚,我们现有的状况——在关税同盟和单一市场内部,但在欧元区和申根护照协议之外,在参与更紧密的联盟方面有一张"免予监禁"的卡——确实是一个鱼与熊掌兼得的好事——用索罗斯简洁的话来说,这是两全其美。

关于此事,并非说索罗斯或者罗杰斯对欧盟的许多方面都很感到满意。就在我写这篇文章的时候,意大利就有迹象表明,欧元区的生存危机——包括诺贝尔经济学奖得主约瑟夫·斯蒂格利茨和克鲁格曼在内的许多著名经济学家早就预测到了这一点——可能最终会显现出来。我本人,以及其他的评论员,自2010年以来一直批评英国联合政府实施的紧缩政策;同时,我们对欧元区实施的对经济和社会造成损害的紧缩政策也进行了抨击。

然而,在其所在的议会党中不具代表性但声浪颇大的脱欧者,以及英国独立党无情而非常有效的宣传的压力之下,卡梅伦屈服于全民公决的呼声,终于在2013年1月23日的彭博社讲话中做出了承诺。[在这一点上,人们必须注意到这一点,东道主迈克尔·布隆伯格(Michael Bloomberg)已经与我们站在一起,呼吁英国政府和英国人民重新思考这个问题。在对英国已经拥有的优势以及与欧洲其他地区乃至世界脱离所带来的令人担忧的影响进行了详细分析之后,布隆伯格简洁地将英国选择脱欧描述为"一个错误"。]

有人猜测,尽管他们自己"原则上"承诺在某个时候举行公投,但卡梅伦私下希望自由党可能会让他摆脱困境。但在2015年的大选中,联合政府被解散,卡梅伦领导的保守党赢得多数席位——这一优势后来被梅肆意挥霍,为"脱欧意味着脱欧"战略的顺利实施,她鲁莽地决定提前举行大选。人们很容易嘲笑这句话毫无意义,但是,她一次又一次地说,她决心离开关税同盟和单一市场,同时也为此制定了许多著名的"红线"。正如我在2018年秋写的那样,我们目睹了与布鲁塞尔之间的一系列荒唐的交流,这些交流与保守党的内部交流间隔举行,这相当于试图复制之前故意放弃的外部弱势谈判地位的优势!

这些年来,有些政界人士对自己草率的承诺进行再思考的例子并不鲜见。为什么,为什么,为什么卡梅伦就没有重新思考其公投承诺呢?

我认为答案可能存在于大家熟悉的英国贵族或中上层阶级喜欢的假设——雄性是拥有"与生俱来优越感"的物种。到目前为止,卡梅伦的生活过得很轻松。他几乎毫不费力地爬到了人生的巅峰,而熟悉他的人中,很多人谈到他具有所谓的"伊顿公学校友自信"。

此外,对于一位身为保守党领袖的首相来说,苏格兰公投在经历了一些紧张时刻之后,进展还算顺利,结果令人满意。在争取布鲁塞尔和欧盟其他国家做出让步的任务中,他给同行的印象是,他过于自信,认为自己一定能够成功。

在此,我要向一位荷兰记者致敬,她叫提提亚·凯特拉尔(Titia Ketelaar),当时她在伦敦工作,我过去经常在当地的一家名为"开心果和泡菜"的咖啡馆和她见面。她本可以住在伦敦,但她却选择周游整个英国。她第一个提醒我,在中部和北部,人们的观念正朝着反对"都市精英"的方向转变。她的判断把我吓得够呛,以至于我决定用另类投机指标来观察这一趋势。

不久之后,我第一次在布鲁塞尔见到罗杰斯爵士。他依然担任英国驻欧盟大使,多年来在贸易谈判方面积累了丰富的经验。他比我以前或以后见过的任何英国人——无论是过去还是现在——都更了解欧盟错综复杂的情况。正如之后在讲座、研讨会以及议会委员会上都表明的那样，他对举行全民公决的愚蠢行为表示坚决的反对，对即将到来的困难表示十分担忧。

在英国全民公决的最后阶段，保守党内一片恐慌。我记得卡梅伦身边的人给我打过电话，询问舍马斯·米尔恩（Seumas Milne）的电话号码，米尔恩是科尔宾强大的新闻主管和亲密顾问，也是我在《卫报》和《观察家报》的前同事。卡梅伦需要帮助。但不得不说，工党方面似乎没有太多消息。

卡梅伦的运气耗尽了。我不禁想起年轻时读过的希腊经典名句：狂妄源自傲慢。不幸的是，这一结果殃及了我们其他所有的人。

如今，一个有趣的事情是财政大臣奥斯本的职位。自从公投结果出来以后，奥斯本一直说他反对举行全民公决的决定。在我看来，因为实行紧缩政策，他对国家的服务糟糕透顶。但是，如果说有哪一位财政大臣敢于对抗一位与其相处融洽的首相的话——与布莱尔和戈登·布朗不同——那非奥斯本莫属。

在我在这本书中提到的所有危机中，脱欧是迄今为止最大也是最令人担忧的危机。事实上，自2016年6月23日以来，我专栏的绝大部分版面都用来讨论公投结果——如果不能逆转的话——所产生的方方面面的影响。我知道,《卫报》和《观察家报》网站上不时出现侮辱性评论,但我从来不看它们。大多数的评论来自那些不善写作的人,与星期六晚上那些慷慨陈词的人不同,他们对我的工作表示赞成和支持。经常有人在街上拦住我,对我说一些暖心的话,鼓励我继续前行。

毫无疑问,人们并没有充分理解公投的影响。"留欧"和"脱欧"两个阵营都进行了过度的宣传,"留欧"一方制造了成堆的谎言,而"脱欧"一方夸大了短期的后果。不过,的确有一个短期后果——英镑汇率暴跌——它已经对实际收入产生了显著的影响。另外,正如我们在1967年英镑贬值一节中看到的那样,竞争力的提高需要时间,于是"让贬值发挥作用"。然而,在当前情况下,脱欧公投造成了如此多的不确定性,以至于企业一直在抑制投资计划,即使是脱欧公投后的货币贬值也没有改善英国的海外贸易地位。

我的担心有两个最重要的原因。第一个是地缘政治而非经济上的原因:当美国宣布与世界其他地区进行贸易战,而欧洲又非常担心来自俄罗斯的威胁时,英国试图与欧洲其他地区相脱离似乎是一个不明智的选择。第二个原因显然是经济方面的:我们花了四十五年的时间广泛地融入了欧洲经济和欧洲社会。实际上,我们已经成为欧盟的一个经济区。我们大量的工业生产已经与复杂的供应链和所谓的"准时"交货系统密切关联。我怀疑很多投票支持英国脱欧的人并没有意识到,他们认为理所当然的许多事情,比如购买连夜从法国、西班牙和其他欧洲国家送达超市的水果和蔬菜，在英国脱欧之后将会因为海关限制而面临风险。举个例子：我们家里需要一个洗衣机配件。"没问题，"我们的工程师说。"我们将在星期三之前从汉堡拿到。"英国的汽车通常由外资制造商生产，在很大程度上依赖于纵横交错的各种渠道来输送部件。

关税同盟与单一市场意味着货物可以在港口和机场自由流动。正如我写的那样，越来越明显的是，如果英国遭遇硬脱欧的话，那么会造成大范围的混乱，会影响到英国所有人——包括欧洲大陆的人——的生活。

在英国国内有关关税同盟和单一市场的讨论中，存在着许多困惑，甚至是无知。关税同盟成员消除了欧盟内部的有形贸易壁垒，单一市场——让我再次强调，这是撒切尔夫人引以为豪爵士的成就——消除了许多非关税壁垒。

自从梅首相承诺，无论是否达成协议，她将在2019年3月底带领英国离开欧盟以来，相关工作取得的进展似乎微不足道。

很明显，英国在这个问题上存在着严重的分歧。2017年9月，我参加了安博思基金会（the Ambrosetti Foundation）在意大利主办的一个会议，欧盟首席谈判代表米歇尔·巴尼耶（Michel Barnier）的讲话让我深受触动。他的演讲在英国被一再误传，媒体释放的信息是巴尼耶说，英国将会因为脱离欧盟而受到惩罚。无论是在他的公开演讲中，还是在我们应他的要求进行的私人谈话中，他都没有说过这样的话。他讲话的语气是悲伤的而不是愤怒的,他还指出,如果英国继续脱欧,这将给英国和欧盟带来不良后果。这是一个非常合理的观点,而那些反应迟钝的人似乎也正在意识到这一点。

　　我热切地希望,无论如何,我们应该终止这项将会导致灾难性危机的活动。

第三章

对话英国财政大臣

对话丹尼斯·希利[1][2]

在过去的三十五年里,英国只出现过两位工党财政大臣。一部分是因为撒切尔夫人和梅杰执政时间过长,英国工党一直处于在野状态;还有一部分是因为现行的财政大臣任免模式,即不管财政大臣与首相的关系如何(也许正是因为他们与首相的关系),他们都不会被调换。

显而易见的是,这个国家二十六岁以下的人都是在希利担任财政大臣之后出生的。从1974年到1979年,尽管英国议会还没有出现在电视画面中,但希利已经很少离开电视屏幕了。

希利和近年来的戈登·布朗一样,在英国工党中是一位魄力非凡的知识分子和实干家。和戈登·布朗一样,他也渴望成为首相,但他没有戈登·布朗那么急切和明显。虽然他最终未能得偿所愿,但他也没有过分伤心。事实上,他一直在享受政治之外的趣味盎然的生活——偶尔参与一下上议院的辩论——尽管他肯定很想当上外交大臣,但人们普遍认为他最终并不介意错过这一要职。

希利在东萨塞克斯南部丘陵的乡下有一幢别墅,在最近一个美丽的秋日,我去他家里拜会他,我在那里了解的情况跟人

---

[1] 几年前,我采访过几位我有幸认识的英国财政大臣,我觉得有必要将当时的采访记录在这里重现一下。它们最初发表在2006年至2007年的《观察家报》上,现经编辑保罗·韦伯斯特(Paul Webster)的许可转载于此。

[2] 对话时间2006年12月。

们的认知并不一致。

　　希利1974年就任财政大臣之后，我便与他相识。最近，恍惚听说有人看到他在萨塞克斯某处使用自动柜员机时遇到了麻烦，并听到他喃喃地说："我这个年纪就不应该被允许出来。"

　　好吧，根据我和这位身形健硕的老人一起度过的愉快的上午来判断，我敢说这只是一个经典的希利式的笑话而已。作为一位八十九岁的老人，他的健康状况极佳，身材比人们想象得要瘦一些。他能够全程无障碍地与我进行交流，即使与年龄只有他一半的人相比，他也并没有更多的记忆失误。

　　这让我想起：当我告诉伦敦一位知名人士，我准备看望希利时，他说，"我不该担心。但他已经丧失记忆了。"然而，从采访的情况来看，希利唯一丧失的是对布莱尔的信任。

　　在我的建议下，我们一开始就试图温和地、一劳永逸地证明，希利从来没有说过"保守党仍然喜欢捐款"——也就是他希望"把英国富人榨干"——那句话。

　　"我从未说过这样的话。我引用了20世纪20年代的一些东西。这是真的。卡拉汉也从来没说过'危机，什么危机？'这句话。"这位当时的影子财政大臣在1973年的工党会议上是这么说的，"将会有8万英国富人发出痛苦的哀号，他们足够富有，可以将75%以上的最后一部分收入用来缴税。""榨干"一词最初的使用者是第一次世界大战时的英国首相劳合·乔治（Lloyd George）；希利从工党内阁大臣托尼·克罗斯兰

（Tony Crosland）那里引用了这一说法，用来指称"英国房地产投机者，而不是一般的富人"。

这样的税收水平似乎在很久以前就得到了匈牙利经济学家汤米·巴洛格和卡尔多的大力支持。他们两人曾为英国工党提供建议。"尼基非常好，汤米不行，我以前叫他们'布达'和'佩斯'。"希利说。

他解释说他不能参加那星期晚些时候举行的新书《英国财政大臣们的传奇》（其中收录了他的一篇演讲稿）的发布会，因为匈牙利政府给他颁发了一个奖，他对这个国家很熟悉。在伦敦证交所进行的演讲中，他将自己在英国财政部的那段时间与在第一届威尔逊政府（1964年至1970年）中担任国防大臣初期那段时间进行了对比，在英国国防部，"你所做的任何决定都是由你控制的人去执行的，无论他们身在何处，不管是在加里曼丹岛还是在亚丁。在英国财政部，你所做的决定是由你完全无法控制的人来执行的：英国全国各地的雇主、工人，当然还有消费者，不仅是英国的消费者，还有全世界的消费者。"

最难控制的是英国工会，工党当时主要的财政支持者。"坦率地讲，我最大的问题，"他对我说，"是试图让英国工会对工资问题保持理智。"倘若坐在希利阳光房里舒适椅子上的是年轻人的话，那么在听到希利回忆说，在他担任英国财政大臣的第一年，工资总增幅达到26%时，他们会惊讶到从椅子上掉下来。这一点我记得非常清楚。我回想起时任白厅智囊团负责人的贝里尔爵士曾告诉我,"按照这种增长率,英国矿工们的年收入很快就会达到一百万英镑。"

英国工会随后遭到重创。对于戈登·布朗来说,现在的事情就容易多了,其关于英格兰银行和欧元区的决定让希思钦佩不已。戈登·布朗咨询过他吗?只有当他们偶然碰到对方的时候才会咨询。"作为财政大臣,他确实做得很好,但也非常幸运。他没有受到来自英国工会或者左翼的严重挑战,也没有受到人身攻击或者政策方面的挑战——奈·贝文(Nye Bevan)和本恩也没有向他提出过挑战。"

然而,希利不仅在工资问题上和英国工会有矛盾,而且他的领导抱负还遭到了男爵们的阻挠。在1976年威尔逊辞职之后以及在1981年,本恩就英国工党党内副职职位问题上都向他提出了挑战(在后卡拉汉时代的工党领袖竞选中他输给了迈克尔·福特,仅出任副职),同时,他还遭到英国工会的强烈反对。

"在约翰·史密斯的领导下,一人一票解决了这个问题。"他说。正如他在回忆录中所记述的那样,他"以一根头发丝的优势"击败了本恩。他至今仍然强烈地感到,民调显示如果是一人一票的话,他会比本恩多出250万张选票,但他几乎因失去运输劳工工会的集体选票被击败。

在希利主政的英国财政部有一位名叫埃德蒙·戴尔的初级大臣,他在自己撰写的《英国财政大臣们的故事,1945—1990》一书中说,1974年至1979年有"三位希利"。首先是

"政治的"财政大臣希利,他从上届英国政府继承了一个可谓灾难性的经济状况,但他在1974年第二次大选之后才着手处理。其次是"正统的"财政大臣希利,在被称为"大灾年"的1976年,为了拯救英镑,他不得不求助于国际货币基金组织。而当1977年市场发现北海油田的价值时,他又让英镑上涨得很高。最后是"复活的"政治的财政大臣希利,"他关注选举胜利,关注谁会入主唐宁街10号"。

那是一段艰苦的时光,需要像希利这样坚强的人来应对。在国际货币基金组织问题上,他与首相存在分歧,但最终卡拉汉给予了他支持。在威斯敏斯特教堂举行的卡拉汉追悼会上,他发表了讲话,而撒切尔夫人就坐在前排长椅上。他说,卡拉汉是自艾德礼以来英国最好的首相。这是希利一直喜欢发表的一种争议性言论。

他还坚称,如果统计数据是正确的(公共借贷数据随后被下调),那么求助于国际货币基金组织将是不必要的——这一点是有争议的,我们永远也不会知道答案,但至少历史有可能看起来会大不相同。

"如果我们当时有正确的数字,那我们就不用去贷款。那是我一生中最艰难的时期,我需要获得内阁对贷款的支持。公共部门借贷需求(PSBR)的估计数额十分可怕。最终卡拉汉做出了正确的选择。在这么一个困难的时期,作为首相的他表现得非常出色。"

然而,他如此崇拜的卡拉汉却推迟了预计在1978年10月举行的选举——这一推迟对希利来说是致命的，因为他1978年的"政治"预算都寄希望于此次大选。希利在回忆录中说，"我担任过国防大臣和财政大臣，我不后悔为我的工作所付出的政治代价；我从政一直是为了做点什么而不是成为什么大人物。"

他告诉我，他坚持认为，不管埃德蒙·戴尔和其他人怎么想，他竞选的主要原因不是"为了自己，而是要把错误的人拒之门外——比如本恩"。

与下任工党财政大臣戈登·布朗不同，"我从没想过要当英国工党的领袖……"后来这样的机会真的来了："……尽管现在我希望我当时担任了那个职务。如果当时我愿意的话，我就可以担任英国工党的领袖。但当时我说，我什么都可以做，就是不愿当领导。"

发生了什么变化？"事实上，正如布莱尔所显示的那样，如果愿意，首相可以做任何他想做的事情。"

然后，困难出现了。"不幸的是，这些几乎全错了：伊拉克战争、基础医院、大学附加费——如今的现金买爵。"

难道一无是处吗？"他第一年做得相当不错。自从入侵伊拉克以来，他所做的一切都错了。几乎可以肯定的是，他在格拉尼塔（据信他和戈登·布朗达成协议的餐馆）同意（第二任期）满两年后离开。但他还在坚持，没有人能够确定他会不会走。但他越早走越好。"

这是英国工党最受尊敬的一位老政治家的肺腑之言。谈话中，他好几次又谈到伊拉克问题。

"布莱尔没有理由跟随布什的脚步。他之前坚持尊重联合国决议，当时仍然坚持。他本可以把（联合国）作为理由。他不懂外交和国防。我们这一代人经历过两次世界大战。"他接着说道："我知道的比布莱尔多。我非常关注伊拉克问题，这绝对是一场血腥的灾难。"我注意到咖啡桌上放着希利正在读的或者最近在读的关于伊拉克和苏伊士的书籍。当我说威尔逊就没有派军队去越南时，希利给我的印象是，这是一件几乎成为现实的事情，但他说，"如果他派军队的话，我会辞去我的（国防大臣）职务。"

希利对外交事务有着令人生畏的掌控能力，大多数写过关于他的文章的作家都倾向于认为，他唯一真正的遗憾是没有当过外交大臣。他坦承，错失这一职位让人们对他有了不同的看法。但人们最突出的感觉是，他几乎没有对自己的职业生涯感到不安，如果非要说有什么让他感到不安的话，那就是一个拥有如此绝大多数的英国工党政府在他预先公开警告过的外交政策中挥霍资产的方式。

虽然他很欣赏戈登·布朗，但他指出，戈登·布朗在外交政策方面"毫无经验"。不过，他支持戈登·布朗吗？他怎么看约翰·里德（John Reid）可能造成的威胁呢？"他获胜的机会很大。约翰·里德是一个很认真的候选人。但我更喜欢戈登。我个人认为他会获胜。"

但这位前国防政策和核威慑的拥护者认为世界在前进，因此，他对戈登·布朗在伦敦市长官邸的演讲表示担心。在这次演讲中，戈登·布朗花了大量的篇幅致力于推动三叉戟战略弹道导弹的更新工作。

"我怀疑继续使用三叉戟是否明智。现在，唯一的核威胁来自恐怖分子——（比如）他们将核武器藏在泰晤士河上的货船里，或者藏匿于停靠在纽约港或者旧金山港的货船上。大多数重要的国家都很脆弱，唯一的办法就是做好情报工作。"

听希利讲话，你会情不自禁地回想起他那一代政治家的高超水平，只不过他习惯于以恶作剧的方式提醒你注意到这一点而已。但这一次，我不得不承认是我引导他这么做的："以前的政治家的素质特别高。他们进入这个行业的时间往往比现在的人晚得多，之前他们积累了大量的实践经验。"

这位20世纪英国民选政治家提出了有争议但经过深思熟虑的观点，他自1992年从下议院退休后一直在上议院任职。这个观点是："上议院并非全由当选议员组成是明智的。因为那将导致美国式的僵局。你在那里找不到一个明智的人。"

希利勋爵希望"至少一半的新同伴是由一个专门委员会遴选出来的，他们不是某个党派的政客"。对希利来说，上议院的价值在于"有那么多什么都不在乎的人，包括那些不担心被鞭挞的前政客。"

但我们不能回避外交事务，那是他的专长，尤其是在伊拉克问题上。"我不责怪罗宾·库克辞职，也不责怪克莱尔·肖特辞职。我赞同他们的做法。戈登·布朗没有直接责任，但他支持托尼是错误的。伊拉克将是他必须面对的最大的一个问题。"

对话豪勋爵[①]

亚伯拉昂的豪勋爵（Lord Howe of Aberavon）是撒切尔夫人执政时期在任时间最长的阁员。当大臣们一个接一个地——有时是两个接两个地——与铁娘子闹翻时，豪却奇迹般地留在内阁中——直到他最终忍无可忍，于1990年11月13日发表了令人震惊的辞职演讲宣布辞职，这件事也直接导致撒切尔夫人黯然下台。

就在2006年圣诞节前，豪庆祝了他的八十岁生日，撒切尔夫人参加了这场在外交部举行的生日聚会。聚会的地点选择得很合适：豪仍然在外交部的一个咨询小组里工作。在他生日前两个月，他在加的夫[②]谈到了重新制定英国外交政策的必要性，"由于对英美入侵伊拉克和对黎巴嫩战争的反击出现了严重的误判，我们大部分外交政策受到了严重损害"。

这次聚会为和平倡议者提供了一个另类的相聚场所。一位客人告诉我，豪说1990年的事情"无法终结15年的亲密同志关系"。

---

① 对话时间，2007年1月。
② 威尔士首府。——译者注

年长的读者会记得豪是一个安静、谦逊的人,也是撒切尔夫人忠诚而执着的阁僚。与其说他是一位高高在上的内阁大臣,倒不如说他是一位乡村律师。他彬彬有礼,温文尔雅,和蔼可亲,似乎与后来被称为撒切尔主义的貌似冷漠的经济和社会学说有着不协调的关系。即使是批评他的人,比如记者,也无法不喜欢他。

然而,在经济政策方面,豪则像钉子一样强硬。不久前,在伦敦经济学院做的一次演讲中,他对自己1979年至1983年的工作进行了反思。他说,20世纪60年代,他曾为鲍集团(一个保守党智库)写过两篇关于福利国家的文章。许多年后,《金融时报》社会事务评论员尼古拉斯·蒂明斯(Nicholas Timmins)将其描述为"20世纪80年代激进右翼的议程总结"。

豪对经济的强硬态度是在20世纪70年代逐渐形成的。作为希思1970年至1974年执政初期的总法律顾问,他在1971年的英国《劳资关系法》上下了很大功夫,1974年迈克尔·富特废除了该法的许多条款,令他十分恼火。当1974至1979年工党执政期间,英国被称为"欧洲病夫",他的内心极其痛苦,心如刀割。1975年按年率计算的月通货膨胀率升至25%以上,公共支出和借贷达到了保守党执政时都没有达到的高度。最后一根稻草便是1978年至1979年的"不满的冬天"。

正是在那些处于在野状态的年代里,出现了一批新的保守派智囊团,而撒切尔夫人和约瑟夫爵士——希思执政时期支出最大的政府部门负责人——成了货币主义的崇拜者。但是,作为财政大臣的豪才是最难对付的。

他在伦敦证交所演讲的主题是"364位经济学家都错了吗?"这里指的是他1981年的预算案,该预算的目的是在英国经济陷入衰退时从经济中剥离数十亿英镑。364位经济学家曾写信给《泰晤士报》:"英国政府目前的政策没有经济理论依据或支持性证据……反对货币主义政策的时候到了。"

20年来,杰弗里爵士(我们这些认识他的人仍然会提到他)一直认为这364位经济学家是错误的,他表面上的通货紧缩预算实际上播下了经济复苏的种子。但经济复苏非常迟缓,失业率持续上升,20世纪80年代中期英国失业人口达到300多万人。无论如何,该预算案也是一个转折点,因为有些东西这364位经济学家并不知道:也就是说,在撒切尔夫人的经济顾问沃尔特斯爵士的影响下,货币政策正在放松,其目标是——最终成功地——将英镑从令人眩晕的高度降下来,当时的通货膨胀率甚至对英国最好的工业造成了威胁。

事实上,撒切尔政府本身也被迫拒绝货币主义政策。而如今,豪对当时货币经济学家给他的混乱信息嗤之以鼻。但当我在上议院见到他时,他毫不怀疑地表示,他担任财政大臣期间实施的休克疗法是正当的。

他说:"每个人都知道英国当时身处'最后的窗口期'里。"我们中有很多人说,他和他的同事们在1979年承诺兑现大量公共部门的工资要求并没有让事情变得更容易。对此,他的回答是,这一承诺"完全违背了我的建议"。

这样做很重要，因为当撒切尔政府进入"最后的窗口期"时，通货膨胀率为10%左右，而克莱格委员会（the Clegg Commission）的薪酬奖励加剧了这种通货膨胀趋势。另一方面，相当重要的是，豪向我透露，在他1979年的第一份预算案中，他大幅削减了所得税税率，是他坚持将增值税的主要税率从8%提高到15%，当时撒切尔夫人本人希望最高税率为12.5%。这被纳入了零售价格指数，同时对要求涨工资和随后的通货膨胀产生了影响。

同样地，在1981年的预算问题上，他比撒切尔夫人强硬得多。但他却为这样一个事实感到骄傲，那就是在公众眼中撒切尔夫人是一位铁娘子，他是一位犹豫不决的财政大臣，但事实却截然相反。在预算通过之前举行的关键会议上，豪总结道，"我想听到的是异见，而不是安慰的声音。"

众所周知，豪在英国外交部持有强烈的亲欧观点，这使他与撒切尔夫人产生了冲突。但在我们讨论欧洲和外交事务之前，先回忆一下20世纪70年代和那些导致英国进入"最后的窗口期"的事件。他说："如果我们（1974年）获胜，英国《劳资关系法》得以通过，我们就能挽救整整十年。"但他又补充说："回想起来，1979年发生的事情使得我们能够做出非常艰难的决定。"［这让我想起了杰弗里·古德曼（Geoffrey Goodman）当时与豪等人——记录于《从贝文到布莱尔》一书中——讨论时的情景，他们"非常乐于由威尔逊政府来解决'难以应对的'经济形势、通货膨胀、来自国际货币基金组织的压力和削减社会开支等问题"。]

有趣的是,豪回忆起1974年曾试图劝阻约瑟夫不要在普雷斯顿发表那次有争议的演讲,实际上他是在鼓吹更高的失业率。"我首先去了政策研究中心(the Centre for Policy Studies)——撒切尔-约瑟夫智库——试图说服约瑟夫注意他的言辞。"

他坚持认为,1970年至1972年,在失业率达到100万的大转弯之前,希思政府的强硬态度是正确的。"游说集团的力量不是虚的!他们说服我们违背自己的意愿。也许我们需要十年的学习曲线,重新思考我们的战略。"

作为财政大臣,最令豪引以为傲的一个决定是,1979年10月废除了英国外汇管制——此举就像18年后戈登·布朗授予英格兰银行独立决策权那样引人注目。正如他在回忆录中所说的,自从"1969年(在他担任律师期间)的几次庭审让我相信了英国政府的性质以来",那是他一直想做的事情。他得到了英格兰银行的支持,银行希望以此来减缓英镑的升值。撒切尔夫人犹豫不决,她说:"杰弗里,如果出了什么问题,你得自己兜着。"

但是,1981年的预算实施之后,英镑持续上涨,失业率继续上升。经济状况对撒切尔夫人成为有记录以来最不受欢迎的英国首相起了很大作用,但在1983年的英国大选中保守党却意外地被两件事情拯救了:一是1982年马岛战争产生的政治效应,二是对1983年左翼反欧工党宣言的反应。

然而，正是撒切尔夫人的反欧洲主义激怒了豪，事实证明这也是导致她失败的原因。在英国外交部看来，越来越感到沮丧并屡遭傲慢拒绝的豪打算准备自己的鱼叉导弹（武器）。1983年，他曾想留在英国财政部，并怀揣着或许任职内政部的期望。其实，他对与监狱系统打交道不感兴趣。他最近告诉一个朋友，"我有充分的理由感谢塞西尔·帕金森——因为正是他与萨拉·基耶斯（Sara Keays）的绯闻曝光，才使得撒切尔夫人无法让她的第一人选塞西尔·帕金森出任外交大臣。"

1985年担任内政大臣的赫德在其回忆录中说，撒切尔夫人和豪勋爵之间的问题始于1986年的韦斯特兰事件，当时她几乎被迫辞职，豪勋爵和赫德被迫重组内阁制政府。"但什么都没发生，撒切尔夫人恢复了镇定。"撒切尔夫人对豪勋爵越来越专横，在她执政初期，杰弗里一直是她的亲密政治伙伴。罗宾·戴（Robin Day）爵士曾在一次晚宴上问豪勋爵："假如韦斯特兰事件朝着另外一个方向发展的话，那将会发生什么？"当事人豪勋爵回答说，"我就当上首相了。"

1989年7月，豪被英国外交部解雇，随后被任命为副首相。之前，他和财政大臣劳森费尽周折最终说服撒切尔夫人将英镑纳入欧洲汇率机制。我问他与撒切尔夫人的良好合作是不是突然间出现了问题，他认为这是一个逐步削弱的过程，此事可以追溯到1986年，当时关于欧洲汇率机制和欧洲的讨论以失败告终——"我们在欧盟问题上的立场分歧削弱了双方的关系。还有'南非局势紧张'"。但当他平静地说，撒切尔夫人

第三章　对话英国财政大臣

在布鲁日的演讲（1988年，她为反对进一步的欧洲一体化而孤注一掷）是他和她合作之间出现问题的"一个展示"时，我想我可以推断这几乎就是最后一根稻草了。

但事情并未就此结束。有一种流言称，他们两人陷入了一场互不相容的境地，令他们一筹莫展，束手无策。埃德蒙·戴尔在《英国财政大臣们的故事，1945—1990》一书中总结道，"如果作为撒切尔革命的两大支柱，他们还对彼此抱有同情的话，即使在欧洲问题上存在分歧也可能不会走到最终不再合作的地步。"对于豪来说是不是这样，我不太确定。但在欧洲问题上的分歧是削弱彼此同情的关键。

最大的问题是汇率机制——当货币主义失败时，英国需要考虑这个约束性的会员资格——当然，还有欧洲单一货币的前景。我问，在"黑色星期三"以及英国没有加入欧洲汇率机制而随后经济却增长的情况下，他是否对欧盟成为他辞职的诱因感到遗憾。他坚定地回答道："我很遗憾所有的事情都成了辞职的诱因。"

具有讽刺意味的是，在撒切尔夫人屈服于来自几乎整个建制派和新任财政大臣梅杰加入欧洲汇率机制的压力之后，他辞职了。最后一根稻草是她在1990年10月底在罗马召开的欧盟峰会后向英国下议院提交的报告。撒切尔夫人不仅否定了单一货币的想法，而且还否定了她多位同僚们提出的其他建议。然后她在市政厅吹嘘说："欧盟的保龄球会被打得满地都是。那是我的风格。"

这促使豪在第二天的辞职演讲中，在谈到内阁面临的困难时说出了那句令人难忘的话："这就像把你的击球手送到击球点上，在第一个球投出的那一刻他们才发现，手里的球棒在比赛之前已经被队长折断了。"

那次讲话几乎是对一些人的历史性回击，这些人依然记得财政大臣希利讲的那句话，即来自豪——当时的影子财政大臣——的攻击就像"被一只死羊顶了一下"。希利后来承认，他这么说的目的是转移人们对豪所说的"一些具有说服力的观点"的关注。豪告诉我，几年后，在斯特拉福德的剧院里有人走到他和希利跟前说："我们原来不知道你们两人是朋友。"事实上，豪形容他们是非常好的朋友。其实，当两位前财政大臣在斯特拉福德的剧院里被那个人认出时，希利一家人正和豪一家人住在一起呢。

这段记忆让豪对英国某些现代政治家的"不合群"现象深表失望。谈到这种现象和这样的人时，豪勋爵抱怨戈登·布朗的税收和福利制度太过复杂。他说，戈登·布朗拥有法律背景，是一个对细节要求严格的人。"（关于申请福利）我不能给任何人提供任何建议。"

他说，他对影子财政大臣奥斯本倒有一个建议。奥斯本在抨击豪所认为的"公共支出在GDP中的占比增速过快"观点时"聪明但不够勇敢"。是的，就像1979年那样，豪希望"减轻税收负担"。

真正引发我关注的点出现在谈话即将结束的时候，豪说他经常问自己这样一个问题：撒切尔夫人下台会让保守党的处境变得更好还是更坏呢？她在选举中失利会更好吗？他对自己问题的回答显然是否定的。他最后说道："梅杰为巩固撒切尔主义付出的努力值得高度赞扬。如果当时金诺克赢了（尼尔本人坚称自己更喜欢金诺克勋爵这一称谓），那撒切尔主义可能已经被彻底清除了——这样的结果是由她自己辞职而不是（在投票中）被击败造成的。"

那么，是谁的辞职导致那场拯救了撒切尔主义的辞职……？

对话尼格尔·劳森[①]

劳森可能在法国过着田园诗般的半退休生活，但他仍然对与气候变化做斗争颇感兴趣，这使得他和他那些家喻户晓的后代们经常一起出现在报纸的头版位置。

实业家德里克·霍恩比爵士（Sir Derek Hornby）曾讲述过这样一件事情：一次在和劳森勋爵一起喝酒时，劳森问道："德里克，你的孩子都很出名，是吗？"霍恩比回答说："是的，我想是吧——我的女婿比较有名。"（德里克·霍恩比爵士是小说家尼克·霍恩比的父亲，是小说家罗伯特·哈里斯的岳父。）

---

① 对话时间2007年5月。

劳森想了想，然后问道："你有没有发现人们对你的孩子比对你更感兴趣呢？"（劳森是著名厨师奈杰拉和记者多米尼克的父亲。）

霍恩比考虑了一下："是的，我发现了。这很好，真的。"

"我也是这么想的——而我当过财政大臣。"劳森回答说，眼里闪烁着光芒。

时光荏苒。布拉比的劳森勋爵、1983年至1989年的财政大臣、《金融时报》《星期日电讯报》和《旁观者》（他曾任主编）的著名记者如今又回到了新闻中。

劳森在全球变暖问题上的叛逆立场吸引了很多人的关注。他的立场也比有时公开展示的更加微妙：他很高兴地指出，过去几个世纪的科学共识经常被后来的事件和发现推翻。但与其说他发表这些攻击性言论的原因是他对科学的质疑——劳森不在乔治·W.布什的反对阵营中——倒不如说是他对传统应对措施的质疑。

当我告诉劳森我正在做这个财政大臣系列采访录时，他调侃道："不久你就会看到戈登·布朗了。"同意见面后，他建议采访在法国进行。他最近正在参加一个竞选活动，占用了他的很多时间，因此他最多只能算是处于半退休状态。去加斯科涅腹地旅行的吸引力不言而喻。当我咨询旅馆事宜时，他和他的妻子泰雷兹（Thérèse）热情地推荐了劳森庄园。

不，不应该称呼它为劳森庄园，那是一幢经过他们改建的18世纪的房子，那里曾经是阿玛涅克白兰地的主产区——位

第三章 对话英国财政大臣

于雪松林荫道的尽头,既偏僻又宁静,旁边还有一处废弃的磨坊。这位保守党前政治家喜欢当地城镇和乡村那种井然有序的旧式生活方式——这与他在英国时的生活形成了鲜明的对比,英国已经失去了大部分的宁静感,这可能与撒切尔夫人的某些改革不无关系,而劳森则是这些改革背后的推动者。

巧合的是,我们见面的那个周末,法国人正在投票选举新总统。劳森支持萨科齐,而他的妻子和我则支持输的那一方——这已经不是第一次在政治斗争中与财政大臣劳森交锋了。他是一位才智一流、魄力非凡的财政大臣,是英国财政部崇尚的那种资深人士。

该系列访谈的目的之一就是能够在当代争议平息之后听到当事人的反思。在劳森的任期内,有很多这样的故事——这些都被如实记录在他辉煌的回忆录《11号视野》中。

劳森有很多吸引人的地方,其中之一就是他的直率——作为一个评论员,我不断写文章批评他的政策,但同时又与他保持着十分融洽的个人关系。他不想谈论他与撒切尔夫人的艰难关系——"我在回忆录中已经说得够多了"——但他却极力想要澄清最终导致他辞职的一些问题:"联邦德国马克的阴影"、主张加入欧洲汇率机制,以及与撒切尔夫人的经济顾问沃尔特斯爵士的不睦等。

"人们感到不解的是,我为什么一边提议加入欧洲汇率机制,一边又反对欧洲经济和货币联盟。欧洲货币联盟不符合欧洲的利益,当然也不符合英国的利益。欧洲货币联盟本质上是一个政治博弈，是加强欧元政治一体化的一种手段。在我看来，它有一些好处，但没有任何经济好处——事实上，对经济来说全是坏处。但我认为，加入欧洲汇率机制纯粹出于经济上的考量。"

劳森辞职一年之后，英镑最终进入欧洲汇率机制，而这场冒险只持续了两年时间，最后以一场政治灾难告终。但劳森说，他现在更倾向于将其视为一种临时性措施："该会员资格只需要持续到我们在降低通货膨胀预期和克服通货膨胀心理方面取得足够的成绩就可以了。"

因此，他对时任英格兰银行行长的默文·金重视通货膨胀预期的做法给予了表扬，他还特别有兴趣评论他在20世纪80年代所受到的批评，因为他当时把通货膨胀描述为"一个小插曲"（事实证明并非如此），而把货币政策描述为"法官和陪审团"。

这位为了推行货币主义而在早期做了大量工作的财政大臣反思说："与一味控制了货币供应量的极端货币主义观点相反的是——即使你知道货币供应量是什么——作为财政大臣，你所说的很多话都是试图以一种有利的方式产生预期。它们是可以操作的，但却不能预测。"

我觉得这是一个公允的观点，对于那些当时批评他的人来说也有一定的意义。但事实是，在应对通货膨胀方面，财政大臣劳森遇到了麻烦。未能控制通货膨胀预期，加上劳森繁荣问题以及与撒切尔夫人和她的经济顾问沃尔特斯爵士的不和，成为他财政大臣任职初期的现实情形。

当我第一次问他"遗憾"的时候,他坚持说他不喜欢沉湎于过去。不过,他当然为导致其辞职的事件感到遗憾。"但我真的不喜欢忧思,因为它根本就无济于事。事实上,出于同样的原因,我甚至没有花时间去思考那些正确的事情。我喜欢往前看,这也是我如此关注气候变化问题的原因之一。"

尽管如此,他还是礼貌地允许我转回到有关沃尔特斯的话题上来,他说:"20世纪80年代初,沃尔特斯在英国财政部全职工作时表现得很出色。作为顾问他直言不讳,这是理所当然的(尽管他在唐宁街10号,英国财政部还是确保沃尔特斯能够得到所有的相关文件)。但当他回来做兼职顾问时,他已经成为一个次要的公众人物,并且发表了与顾问身份不相符的公开声明。"

沃尔特斯批评的焦点是前任财政大臣对汇率机制的痴迷,但如果沃尔特斯更了解劳森的真正战略——即临时加入汇率机制以消除通货膨胀的话,那情况似乎会有所不同。然而,正如劳森所说,忧思是没有意义的。

然而,他认为英国对经济史的关注太少了。"如果你看看过去的周期,你会明白很多,尤其是通货膨胀。"他脱口说道:"太奇怪了,我之前竟然忽略了英国当时正在推动全球化这一事实。我不知道它会发展到什么程度。这是非常有益的,中国的崛起意味着全球通货膨胀压力已经在很大程度上减轻了。"

"当然,戈登·布朗是功臣。我当时没有看到全球化的到来，但我很高兴它已经到来了。或许我过分关注通货膨胀问题，而未能在供给方面做更多的工作。"

但是，实话实说，他在这方面做了很多的工作。当被问及他在英国财政大臣任期内最引以为豪的是什么时，他坦率地说："我在所谓的英国经济转型中扮演了重要角色，这种转变在很大程度上依然还在持续。如果说有什么东西在激励我的话，那就是我觉得事情需要改变。这是一项艰苦的工作，但如果下一届英国政府把事情搞砸了，那之前你所做的一切都是徒劳的。因此，保持足够长的任期是很重要的，这样我们所做的事情就不会被推翻。虽然不是完全地，但大体上或者相当程度上来说——这种情况还是出现了。"

换言之，在处于反对党位置这么多年之后，新工党广泛接受了撒切尔-豪-劳森的做法。

这让我有机会表明，所有关于沃尔特斯、汇率机制和劳森繁荣问题的耳熟能详的故事都转移了人们对这一事实的关注，即不管你喜不喜欢——有些人不喜欢——英国工党都不敢推翻劳森1988年惊人的预算策略，当时他将所得税最高税率降至40%，基本税率降至25%。他很快说道："是的，他们不敢。"

我们在阳台上聊天，欣赏着加斯科涅乡村田园诗般的景色。当我的主人——现在是中午——温柔地建议"我们已经谈得够多了，请自己喝一杯再继续好吗？"时，眼前的一切愈加充满诗意。

我可是在为英格兰忙碌奔波，所以我很高兴地接受了他的建议。我们各自倒了一杯利口葡萄酒——加了阿曼尼亚的加斯科涅开胃酒——显然这种酒是在当地酒生产过剩导致价格下跌需要开发新用途时发明的。但在喝第一口之前，劳森兴奋地说道："我刚刚想起一个大遗憾。"接着他又重复了一遍"一个非常大、非常大的遗憾。"

我放下酒杯，拿起钢笔。"我非常遗憾撒切尔夫人阻止我给予英格兰银行独立决策权。这个建议我是在1988年提出来的。我的建议十分周全。如果真的实施了，对英国保守党来说会有很多好处。"

在喝酒过程中，我提醒劳森勋爵——尚未完全退休——他曾经表达过一个愿望，就是退休后去希腊生活。"那个地方叫迈锡尼，"他说道。"这是一个折中的做法——它位于希腊南部的伯罗奔尼撒半岛。我会说当地的语言，但我不会说希腊语。假如住在那里的话，我可以利用时差早上离开那里，然后从图卢兹飞到上议院吃午饭。"

提到上议院，我们又回到了此时的关注点：劳森是权力巨大的上议院经济事务委员会的一位活跃成员，这已经反映出他对全球变暖持怀疑态度。我的印象是他希望我们的采访至少有一半是关于全球变暖的，但我相信他会理解，人们仍然对奈杰拉父亲担任英国财政大臣的历史非常感兴趣。

尽管如此，他还是热情地从多方面阐述了他对全球变暖问题感兴趣的原因——科学的、经济的和政治的。虽然科学证据越来越多，但他认为，人们对其经济意涵——选择、引发的问题、替代方案——还没有充分地理解。

"在我看来,其经济维度十分重要,但也经常被人严重忽视。人们认为一旦科学上理清了——事实上,科学界并没有太大的分歧——那么,一切都不是问题。但事实并非如此。现在还根本没搞清楚什么在经济上有意义——或者什么在政治上可行。"

劳森坚持认为,传统观点——现在采取紧急行动为后代提供帮助——是不公平的。"为了造福100年后的几代人——他们的生活会比我们现在的生活好得多——而要求今天的人们究竟承担多大的牺牲是合理的呢?"他问道。

这位有了新事业的老财政大臣坚持认为:"那些希望欧盟(在全球变暖问题上)起带头作用,而英国应该在欧盟内部起带头作用的想法,只会给我们带来痛苦,因为我们带头了,但其他人却不跟着我们走。"

他很有决心,也十分清楚,面对已经达成的令人生畏的、时髦的共识,其名誉可能会遭受的损害。他眼睛里闪烁着那种熟悉的光芒,随后又补充道,"作为一个退休的人,我参与了这件事情,因为所谓的政治正确使得任何一个发表政治言论的人都可能会遭到伤害。而我则不需要担心这一点。"

的确,我的主人接着说道,他从公众那里得到了很多反馈。"给我写电子邮件的人中,对我表示支持的占压倒性多数。"

好了。小心,奈杰拉,爸爸回到小镇上来了,而且很明显在加斯科涅过的只是半退休的生活。顺便说一下,这位财政大臣进行了大幅瘦身,并出版了一本与此有关的书,这让大家惊讶不已,周末去他家做客的人都说,他的身材保持得非常好。尽管我在年龄上与一个刚过完七十五岁生日的人相比具有优势,但和他打乒乓球时,我却赢不了他。

对话约翰·梅杰[①]

梅杰爵士曾于1989年至1990年担任英国财政大臣,并于1990年至1997年担任首相。最近又出现了关于他的新闻,不过他这次重回公众视野与其说是政治原因,倒不如说是因为他那本广受赞誉的、名为《不只是一项运动:板球初创故事》(*More Than a Game: The Story of Cricket's Early Years*)的书。而且,他在一些测试赛中也表现得十分优异。

在该书的序言中,当回忆起一些会议安排时,他对新工党进行了猛烈的抨击,正是因为这些会议,使得他和克拉克不得不一边参加内阁会议,一边关注测试赛的最新比分。"我当首相的时候,内阁星期四上午开会,而测试赛也在同一时间进行。那时候,内阁经常就政策进行辩论并做出决定,因此会议往往会持续到午餐时间。"

当梅杰把记录比分的条子递给内阁秘书罗宾·巴特勒爵士(Sir Robin Butler)和财政大臣克拉克时,副首相迈克

[①] 对话时间2007年6月。

尔·赫塞尔廷（Michael Heseltine）难免会"分心"。正如他所说：赫塞尔廷会看到纸条在首相、内阁秘书、财政大臣之间传递……英镑崩溃了吗？有危机了吗？有大臣辞职了？不，没有，纸条上写的是测试赛比分：令人难以置信的是，迈克尔竟然将放在我垫板上盖在"赫塞尔廷文件"下面的纸条偷偷拿走。

在克拉克担任财政大臣期间（1993年至1997年）可能没有什么英镑危机和令人惊讶的大臣辞职事件发生，但正是在一起令人震惊的大臣辞职事件（劳森于1989年辞去财政大臣职务）发生之后，梅杰才成为财政大臣，而1990年豪爵士从内阁辞职又将梅杰送入了唐宁街10号。而人们对梅杰首相最为深刻的记忆应该是"黑色星期三"英镑崩盘。

梅杰卸任至今已有10年，而"黑色星期三"至访谈时已将近15年。但人们依然能够从中感觉到些许的挫败感。正是在梅杰担任英国财政大臣期间，英镑于1990年10月进入了欧洲汇率机制；而正是在梅杰担任首相期间，英国在加入欧洲汇率机制两年后又从该机制退出。

其中一个传说是撒切尔夫人反对进入该机制。然而，正如《独立报》的政治专栏作家史蒂夫·理查兹（Steve Richards）报道的那样，梅杰在一个罕见的（与板球无关的）公开场合——2007年4月，在伦敦经济学院——发表讲话时说，由于经济形势严峻，尤其是通货膨胀的重现，撒切尔夫人非常渴望加入欧洲汇率机制。

20世纪80年代，撒切尔夫人确实曾多次反对加入该机制。然而，到了1990年，内阁觉得已经别无选择。大臣们尝试了其他一切方法——各种货币政策以及联邦德国马克的阴影等——但全都以失败告终。20世纪80年代初的经济衰退使通货膨胀率从20%以上降至3.5%左右，但在后来被称为"劳森繁荣"的时期，通货膨胀率又报复性地回涨。

梅杰本人对通货膨胀耿耿于怀。他认为就连财政部（在那里，他曾担任过两年的秘书长，负责与各部门就年度公共开支限额进行谈判）的人也不能理解其童年的苦难记忆对他产生了多么大的影响，而这些苦难都与通货膨胀密切相关。

在回忆录中，他抱怨说："劳森对于他人的弱点或需要，并不总是那么敏感。他不知道星期四晚上没钱是什么感觉，而我知道。"那段记忆还出现在他的新书中。他说，他很遗憾年迈的父母从来没见过他在学校打板球，那时，"一个星期的钱花光了，我不得不想方设法维持生计。"对于梅杰来说，在他的童年时代，那些没有积蓄也没有自己房子的人的生活水平受通货膨胀的影响最大。

1990年英国春夏两季通货膨胀加剧——零售价格指数1月份同比增长7.7%，4月份同比增长9.4%，9月份同比增长10.9%——加入欧洲汇率机制已成为首选的灵丹妙药。那些与此事关系最为密切的人回忆说，当通货膨胀在6月和7月达到9.8%时，撒切尔夫人改变了她的观点。事实上，一位高级官员回忆说，每次见到首相，她都会兴奋地问他，他们准备什么时候加入欧洲汇率机制。

如今，几乎所有的人都认为，英国当时是"以错误的速度，在错误的时间，由错误的原因加入了汇率机制"。然而，当时的民调显示，英国民众对加入该机制持赞同观点。梅杰记得，撒切尔夫人希望以比已经选定的2.95（英镑兑换联邦德国马克）还高的汇率进入汇率机制。影子财政大臣约翰·史密斯一个星期又一个星期地讥讽他没有加入该机制，而戈登·布朗也坚定地持有同样的观点。

也许，最让梅杰恼火的是英国人普遍持有的一种观点（也存在于现在的保守党内），即正是欧洲汇率机制成员资格导致了与1990年至1992年的英国经济衰退有关的高利率。在加入欧洲汇率机制之前，利率已经达到15%，并维持这一水平长达一年时间。在回忆录中，梅杰引用了备受人们尊敬的英格兰银行前经济顾问道的结论，即经济衰退不是由欧洲汇率机制而是"由前一轮繁荣心理的反弹导致的……推高物价、鼓励许多人负债的集体狂喜情绪令经济疲惫不堪。"

梅杰想提醒大家注意，在成为欧洲汇率机制成员的大部分时间里，利率实际上都下降了，从14%（在撒切尔夫人的坚持下，加入欧洲汇率机制时还削减了1个百分点）降至10%。就在"黑色星期三"当天，利率升至12%，但广为流传的高达15%的利率其实从来都没有出现过。15%的利率原定于第二天实行，但当然，到那时，英国外汇储备已经耗尽。

在梅杰看来，面对政治现实，历届英国政府抑制通货膨胀的努力均以失败告终。他在回忆录中这样写道，"我们加入了欧洲汇率机制,得到了人们的掌声,也遭到了人们的辱骂。然而,欧洲汇率机制成员身份却把英国变成了一个低通货膨胀的经济体……"他承认,"高利率和疲软的经济是通货膨胀下降的重要原因。不管我们在不在欧洲汇率机制之内,都会出现这样的结果。但欧洲汇率机制成员身份让我们政策原本缺乏的可信度得到了提高。"

实际上,尽管他认为指责欧洲汇率机制是经济衰退的罪魁祸首是错误的,但他也承认该机制成员资格延长并加深了经济衰退,同时在遏制通货膨胀压力方面发挥了一定的作用。然而,英国所付出的社会代价实在是太大!梅杰在担任财政大臣之初就说过:"此事无痛便无效。"而且说,他对英国保守党在1980年至1992年不是一次而是两次重大经济衰退时期获得执政权的方式依然感到愤怒是可以理解和合理的。即使岁月流逝,选择性记忆和自我辩护也会让这一切变得扑朔迷离。

也许,和劳森一样,梅杰一直将加入欧洲汇率机制视为临时性措施吗?有一点似乎很清楚,那就是他并没有将欧洲汇率机制成员资格看作英国通往欧元区的途径。事实上,为了在1991年12月举行的马斯特里赫特会议上争取让英国退出该机制,他在极其困难的情况下进行了漫长而艰苦的斗争。他事先与其他欧洲领导人会面,与他们讨价还价。也许,只是因为其他领导人担心他会阻止本次会议签订的条约,所以才同意了他提出让英国退出欧洲汇率机制的请求,而退出欧洲汇率机制已经证明对戈登·布朗是有好处的。

我的印象是不管欧元怀疑论者怎么想，但梅杰从来没有想要真正加入欧元区。不过，他也不排除这种可能性，即如果金融市场真的对英镑采取行动，那情况可能会发生变化。

"黑色星期三"从来没有被人们遗忘或者原谅。回溯到1990年，我个人认为加入欧洲汇率机制是一个错误，但持有这种想法的人不多。德国统一以及与德国通货膨胀相关的问题意味着，当时让英国听命于联邦德国央行一时兴起的建议不合时宜。据说，梅杰本人对联邦德国央行在"黑色星期三"前夕的破坏性策略仍然愤愤不平。与此同时，许多其他事情也出了问题，比如法国公投结果的不确定性等，令市场感到非常紧张。

退休后，梅杰仍然非常忙碌——他对银行和商业事务兴趣不减，还低调参与了许多慈善机构举办的活动。他对英国在错误前提下发动战争的方式有着强烈的看法，并担心英国工党已经失去了灵魂。梅杰认为，不管"黑色星期三"有多么尴尬，布莱尔和戈登·布朗从他手里继承下来的经济状况比他们所承认的要好得多。但对于工党是否已经放弃提醒保守党时常记起15年前那耻辱的一幕，人们表示怀疑。

对话诺曼·拉蒙特[①]

拉蒙特是公认的"黑色星期三"最大的牺牲品。作为英国

---

① 对话时间2007年7月。

财政大臣的拉蒙特和首相梅杰一起"终止"了我们的欧洲汇率机制成员资格。拉蒙特当时主动提出辞职,但据梅杰阵营的一名成员说,他的态度"并不是太坚决"。次年春天,财政大臣被财政部解职。

梅杰任命他为环境部大臣。梅杰爵士回忆录中有一段话让我惊讶不已:虽然被任命为环境部大臣外加继续使用位于多尼伍德的财政大臣乡间别墅,但拉蒙特拒绝了。用梅杰的话来说,"这是一系列激烈的交流,表明我们之间的关系已经趋冷……'是的,首相。''不,谢谢你,首相。''我想离开内阁。'这是他跟我说的话。他转身离开。从那以后我们再也没有交流过。"

当我去宝利集团(Balli Group)(关于这家公司稍后会有更多信息)位于梅费尔的总部采访拉蒙特勋爵的时候,我第一个迫不及待要问他的问题是"梅杰的回忆录于1999年出版。你们两个还不来往吗?"

拉蒙特咧嘴笑着说:"不来往,战场上长满了荒草。当有关'黑色星期三'的文件(根据2005年的英国《信息自由法》)被公之于众时,我们不得不谈一谈。"

他们为什么要交谈?"我们得看看能不能就该说些什么达成一致。然后我们去吃午饭。一切都很和谐。这些东西都已经无关紧要了。时过境迁。你不能一辈子都想着这些事情。"

曾经有一段时间,英国外交部被认为是内阁中第二重要的部门。后来发生了变化:财政部取而代之。至于环境部——好吧，在1993年这肯定是降级，对拉蒙特来说，任命他当环境大臣是一个侮辱性的提议。人们依然记得他辞职演说中的一句话："我们给人的印象是在任但没有掌权。"

但被解职的财政大臣也说，"我有幸提出了三份预算案，而且三份预算案都达到了预先设定的目标。第一份（1991年）废除了人头税；第二份（1992年），通过引入20便士的所得税税级，帮助我们赢得了选举；第三份（1993年），虽然毫无疑问是不受欢迎的，但它却是朝着减少我们预算赤字目标迈出的重要一步。"

他是对的。人头税非常不受欢迎，而且还是导致撒切尔政府垮台的一个因素。工党曾被保守党巧妙地利用约翰·史密斯1991年至1992年的"影子预算"揪住了辫子，而拉蒙特的较低利率区间又让他们方寸大乱，致使其类似的提议最终落空。1993年的财政预算案得到了拉蒙特的继任者克拉克的认可，它不仅减少了预算赤字，而且在1997年给了戈登·布朗一份幸福的财政遗产。

拉蒙特不赞成劳森辞职引起了强烈的反响。正如他对《观察家报》所讲的，"当劳森辞职的时候，我给他写了一封信，说他不应该因为汇率机制而辞职。实际上，吉尔斯·拉迪斯（Giles Radice，现在的拉迪斯勋爵，当时是工党议员）在众议院问我为什么不和劳森一起辞职。我说，'因为我不赞同汇率机制政策。'"

那么，在财政大臣的工作除了履行财政部公共支出职责之外其主要宏观经济工作已经变成维护汇率机制成员资格的时候，他为什么还要接受英国财政大臣这一职务呢？"我是一个不可知论者——即使是反对，也是极其温和的。毕竟，欧洲汇率机制自20世纪70年代起就存在了，而且相当成功。"

这是一个有趣的故事。拉蒙特几年前对伦敦经济学院的听众说，"我自己的态度是矛盾的。我没有参与加入欧洲汇率机制决议的制定。"（他当时是英国的首席财政大臣，负责控制公共开支。）"内阁发表了一个措辞强硬的声明……我们加入欧洲汇率机制的那天，我在财政部遇到了一位高级公务员，我对他说，'我们为什么这样做？'他回答说，'哦，出于政治原因。'我说：'不过，我不想放弃汇率的灵活性。'我当时没想到这个决定会产生这样的后果。"

虽然对许多人来说，拉蒙特被任命为财政大臣出乎他们的意料，但事实上，他曾于1986年至1989年担任英国财政部金融大臣，1989年至1990年担任首席金融大臣。而且，他是唯一一位曾经出任过财政部金融大臣、首席金融大臣及财政大臣的人。

作为财政大臣，劳森曾支持拉蒙特晋升为首席秘书，不过，正如他在回忆录中所说：

> 撒切尔夫人尽其所能说服我不要那样做……一年多之后，撒切尔夫人被迫离职，拉蒙特负责梅杰的竞选活动，并接替梅杰担任财政大臣。虽然说政治百无

一用,但它却能培养人们的讽刺鉴赏能力。

许多观察家得出结论说,拉蒙特被任命为财政大臣是对他1990年辅佐梅杰竞选的奖励,但拉蒙特说:"虽然我希望自己能够成为财政大臣,但这并不是我支持梅杰或负责他的竞选活动的原因。我们从来没有谈过这个问题。"

对梅杰来说,这很简单:在四个备选人中,彭定康和克拉克都没有任何财政部工作经验。麦克格雷戈和拉蒙特都是"可靠的候选人"(都曾在财政部工作过),"但拉蒙特仍然还在那里,所以他更熟悉当前的政策……一张市场和金融城都很熟悉的面孔就是充分的理由。"

拉蒙特对利用欧洲汇率机制原则降低通货膨胀的做法越来越不满意,因为在1991年至1992年,尤其是在接近尾声时,经济衰退给英国造成了损失。他经常会问高级官员们这样一个问题:"我们为什么要执行这项政策?"后来,他回忆道:"我记得我说过,我们应该暂停一位高级公务员的资格。而他说:'这可是你们写在1979年宣言里头的,由前任首相、现任首相和那个当时和现在都是外交大臣的人制定的。我们执行这个政策已经有一年半的时间了——你凭什么认为你有权放弃它?'"

拉蒙特接受了汇率机制这个金杯毒酒,他没有辞职。当时我问了一位财政部高级官员:"如果财政大臣对你们的政策如此不满,那他不应该离开这里吗?"对此他的回答是:"我们不能再失去一位财政大臣了。"

拉蒙特的观点是如果他在"黑色星期三"之后立即辞职,梅杰的职位可能就会摇摇欲坠。崩溃的是梅杰及其内阁的政策。梅杰对他说:"你是我的避雷针。"

在拉蒙特看来,"黑色星期三"为英国经济政策"从灰烬中重建"提供了机会。"黑色星期三"当天他并没有"在浴缸里唱歌",但两个星期后在华盛顿举行的一次记者招待会上,当被问及为什么那么高兴时,他的回答是:"嗯,这是一个非常美丽的早晨,不过,这个原因似乎有点牵强。我妻子说她今天早上听见我在浴缸里唱歌了。"

他的这句话并不受英国公众的欢迎。不受欢迎的还有他的那句"我什么都不后悔",这句话是他在第二年春天的纽伯里补选活动中对下面这个问题的答复。问题是,"议长,你最后悔的是哪一个,看到经济复苏的迹象还是在浴缸里唱歌?"

公平地讲,当时的背景是经济刚刚有复苏的迹象,这得益于摆脱欧洲汇率机制束缚之后较低的汇率和利率。他曾声称在前一个秋天他就注意到了"经济复苏的迹象",不过,他认为这一迹象出现得过早而且有点反常。

"黑色星期三"之后,他制定了新的货币政策,而英国央行因此最终获得了独立决策权。正如他所说,"它包括一个通货膨胀目标、每月定期与行长会面的制度以及定期的通货膨胀报告。"

但对他个人来说这并没有什么好处。他与第二次世界大战以来最严重的经济衰退（以及英国南部最严重的经济衰退）密切相关。"我记得，"他对伦敦证交所的听众说，"几年后，我不再担任财政大臣，有一次我上了一辆出租车，司机说：'拉蒙特先生，我救了你的命！有一天，我开车行驶在圣詹姆士街上，看见你正在穿越马路，坐在后排的男人说：'如果你把那个混蛋干掉的话，我给你500英镑。'"

拉蒙特可能在洗澡时唱过歌，但他肯定没有在巴斯唱歌。在"黑色星期三"出现之前，他在那里主持了一场欧洲财长和央行行长参加的会议，但未能得到联邦德国央行降息的承诺，而这一承诺可能会稳定英镑在欧洲汇率机制中的地位。

"这是最后一招了，"他说，"我知道联邦德国央行的宪法地位，他们不太可能屈服于我们的要求。"（他坚称，这些要求是代表许多其他受联邦德国高利率影响的汇率机制成员国，而不仅仅是英国制定的。）

他承认，"欧洲汇率机制崩溃无疑在政治上对政府造成了极大的损害。但另一方面，从经济的角度来看，有充分的证据表明我们确实做到了两全其美——通货膨胀速度骤降——从1990年11月的10.6%降至我卸任四五个月后的2%以下。我们利用汇率机制做到了这一点，当该机制完成其使命之后，它便解体了。"我还没来得及提出反对意见（当时财政部首席经济顾问巴德爵士也持同样观点），拉蒙特就猜到了我的意思，他说一个较为渐进的方法可能会遇到很多政治障碍。实际上，他对欧洲汇率机制持有保留意见，个人也为此遭受过痛苦，但欧洲汇率机制政策使英国政府摆脱了通货膨胀的困扰，假如没有欧洲汇率机制的约束，英国的政治人士无论如何都是不可能完成这个任务的。

当我提醒他曾经说过的那句可怕的"失业是值得付出的代价"的话时，他的回答是，"对此表示谴责的《金融时报》，几个星期前也曾说过同样的话。"如果没有对产出和就业的影响，通货膨胀的下降"是不可能实现的"。

作为财政大臣，拉蒙特当然与梅杰密切参与了1991年马斯特里赫特谈判，本次会议为欧元的诞生奠定了基础，而英国政府获得了退出单一货币的许可。我认为，直到最后一刻，英国政府还一直希望单一货币将会无限期推迟。拉蒙特是个顽固的欧洲怀疑论者，但他说，"梅杰曾想'将英国置于欧洲的中心'，他有时认为单一货币将不会出现。我对欧元持有更为强烈的反对态度，但我相信它终将出现。"

为什么他对欧洲大陆的意图如此确定？拉蒙特回顾了他与欧洲其他财长的首次会晤：突然之间，他和这些人面对面了，他们相信欧洲，相信欧洲的政治统一。法国财政部长皮埃尔·欧仁·贝雷戈瓦（Pierre Eugène Bérégovoy）告诉他，他的孩子们将住在"一个欧洲合众国"。在法国和荷兰公投否决了欧盟宪法之后，拉蒙特现在依然认为这个计划还会实施吗？"其背后有一台巨大的政治引擎。看看他们向前推进的方式就明白了。"

我想卡梅伦带领的保守党面临着更多的麻烦，这时拉蒙特继续说道,"可悲的是,单一市场(一直是英国的主要追求)不太可能成为现实。"

拉蒙特与卡梅伦关系非常密切,卡梅伦对欧洲一体化持有强烈的怀疑态度,曾在"黑色星期三"发生后的黑暗日子里为他拼命工作。之前,拉蒙特曾对源自一些人称之为"白色星期三"的经济政策赞不绝口,他说出下面的话时,我又吓了一跳,"另一个后果是,它(欧洲汇率机制事件)让英国对欧元的反对态度更加坚决。从历史上看,这可被视为主要的后果之一。"

拉蒙特真正的遗憾之一是,与英国财政部内外的许多其他人一样,他最终得出结论,英格兰银行应该被授予独立决策权,但该行一直未能说服梅杰正视改革的必要性。

不知什么原因,这让我想起一位跟戈登·布朗关系非常密切的人曾告诉我,戈登·布朗和拉蒙特一直相处得很好。"是的,我想我和戈登·布朗的关系一直很好。我从没见过他把电脑扔到房间的另一边或咬指甲。他对我一向很直率。"

接着,他对其在回忆录中提到的一些事情进行了有趣的解释:"我确实去见了布莱尔和戈登·布朗,谈了让英格兰银行获得独立决策权的问题。我说,'我这样做不是为了帮助工党,我认为这是英国的需要,但我未能说服保守党。'布莱尔说,'你不了解工党。'"

然后,拉蒙特的眼中闪过一丝异样的光芒,他说:"在声明发布的前一天,戈登·布朗打电话给我说,'我们决定接受你的建议。'"

这位前财政大臣对另一位前财政大臣有更多的建议:"戈登不应该低估卡梅伦。"拉蒙特谈到他的前演讲稿撰写人和政治顾问时说:"他非常聪明,思维敏捷。"(就在我们谈话的前一天,卡梅伦发现戈登·布朗在进行第一次"首相问答"时出现了错误。)

除了(与劳森勋爵和其他人一样)拥有上议院经济事务委员会成员身份,拉蒙特有十几个董事或顾问头衔,这让他忙得不可开交,其中包括任职一家名为英伊私营工贸公司这也使他成为英伊商会的主席。

与"黑色星期三"相比,西方与伊朗的关系可能是一个更热门的话题。拉蒙特的最后一些建议是:"我不支持伊朗政府,但与伊朗开战将是一场灾难。"

随后,在我们共进午餐时,他对美国在处理伊朗问题上的糟糕表现表达了强烈的不满。

在1993年担任财政大臣的最后几个月里,拉蒙特的经历可谓恐怖。如今,他似乎已经完全恢复过来。正如梅杰在其回忆录中所说,"当时,拉蒙特的信誉直线下降……他的职位岌岌可危……我别无选择,只能做出改变。"

然而,即使是现在,英国公众可能也没有像拉蒙特那样从当时令人恐怖的状态中恢复过来。当我离开餐厅时,前财政大臣为我叫了一辆出租车。我对出租车司机说,"那是拉蒙特。"

"我知道。"他恶狠狠地回答。我情不自禁地想,让拉蒙特当整个政府的替罪羊是否真的公平。

对话肯尼思·克拉克[①]

1994年1月下旬的一天,一群经济记者前往达沃斯的施韦泽霍夫酒店参加一场"英国晚宴"。主要嘉宾是尊敬的英国下议院议员、财政大臣克拉克阁下。

1993年5月,克拉克接替拉蒙特成为财政大臣。拉蒙特因"黑色星期三"而受到(迟来的)惩罚,由于其他各种各样的原因他的工作也来越不顺利。尽管克拉克从政已有很长时间——1985年至1987年任财政部主计长,1987年至1988年任兰卡斯特公爵领地总裁,后历任卫生大臣(1988年至1990年)、教育及科学大臣(1990年至1992年)和内政大臣(1992年至1993年)——但对于经济记者来说,他是一个相对不知名的人物。

"他同意和你见面了吗?"一个人问道。"没有,"另一个说,"我已经提出好几次采访请求了,但都被拒绝了。"第三个人说。"我觉得他是太害怕了,不敢见我们。"另一个人说。

但关键是,克拉克并不知道谁会参加这次晚宴。达沃斯的安排是,人们可以报名参加他们喜欢的任何一场晚餐。不管

---

① 对话时间2007年10月。

怎么说,这位履职不久的财政大臣的表现令人炫目,其在经济事务上展示出的才华让人赞不绝口。他对包括土耳其共和国的缔造者凯末尔·阿塔图尔克(Kemal Atatürk)在内的广泛主题都有自己的见地。晚宴结束时,那几个记者说,"太棒了,表现得十分精彩。刚刚和我们交谈的这位应该就是下一任首相了。"

这是不可能的。保守党在接下来的三次选举(1997年、2001年和2005年)中均告失败。此外,保守党内部在欧洲问题上存在分歧,而这些分歧有可能导致他们在某些事务上意见不一致。在此背景下,他们一直拒绝选举出一个可能使他们与布莱尔和戈登·布朗竞争的领导人。

然而,克拉克虽已鲜血淋漓,但依然坚强不屈。在北岩危机使梅杰政府暂时惊慌失措,似乎要为所有银行存款提供全面担保的那一星期,克拉克一直在广播里发表评论,而我一直在想,保守党完全配得上约翰·斯图尔特·穆勒(John Stuart Mill)的"最愚蠢的政党"的嘲笑,因为他们试图把他扔在荒野中。

他以前也曾处于荒野的边缘。1974年,他在希思政府中任职——确切地说是担任欧洲事务秘书,他看上去更像是一个"一个国家"的保守党人,而不是一个天生的撒切尔主义者。但是,撒切尔夫人把克拉克和沃克视为必须"收拢进来的一批人,因为他们会在外面制造更多的麻烦"。撒切尔夫人喜欢这样的事实,即这些人"为证明自己而奋力拼搏,"同时也承认

（她政党的）左翼更擅长于表现自己。

克拉克担任过各种初级职务之后，1987年撒切尔夫人决定"应该给他更高的薪水"。1988年，他出任卫生大臣。不管是不是党内左翼，她发现他"非常有效……在与既得利益集团和工会打交道时非常强硬，在阐述治理政策时直接而有说服力"。但当他担任教育及科学大臣时，他的表现让其女主人感到失望。他坚守国家规定，还公开驳回了她支持的右翼人士最喜欢的教育券提议。

在以前这些部门任职时，克拉克在许多方面都成为新工党政策的开路先锋，努力提高公共服务的效率，更好地回应公众需求。他是一位积极的改革家，并在《英国财政大臣们的传奇》里坚持认为，梅杰担任财政大臣的提议"让我有点吃惊"。他还说，"我肯定，警察部门、监狱部门以及内政部的其他部门会因免于我认为有必要进行的大刀阔斧的改革而感到高兴。"

克拉克曾被撒切尔夫人视为可能的接班人——曾一度被其视为"坦诚的朋友"；1990年，梅杰认为他可能会成为财政大臣，但最终被排除在财政大臣人选之外，部分原因是梅杰认为拉蒙特之前的财政部经历非常重要。1993年5月底，克拉克入主财政部。

有人提到克拉克早期有过一些令人难忘的失态；有人提到他与北方一家尿布厂有关系，但事实证明这家工厂根本就是子虚乌有；也有人认为，与劳森（1983年至1989年任财政大臣）相比，他有点懈怠。但其实他并没有表面看上去那么悠闲。在劳森采取了各种措施、梅杰和拉蒙特主导的汇率机制出现了不幸的插曲之后，也许采取更为放松的方法并不是一件坏事。

从经济增长的角度来看，人们认为克拉克财政大臣的任期是非常成功的——事实上，工党就是将1993年至1997年无与伦比的增长期当作自己的成就来炫耀，好像戈登·布朗曾与克拉克一起在财政部工作一样。

关于克拉克的工作，有一点也许不那么受欢迎，就是他从一开始就强调要理顺公共部门的财政状况。对"稳定"的重视早于1997年担任财政大臣的戈登·布朗。克拉克曾经告诉我，"当我发现会有输家也会有赢家的时候"，很快就对财政大臣们痴迷的税收改革失去了兴趣。

但是，他在控制公共开支方面有着丰富的经验——事实上，他曾被劳森挑选出来成为当时被称为"星室法庭"（Star Chamber）的最高效的成员之一。在现当代，英国"星室法庭"是指临时性的大臣级别的磋商机制，常用于解决财政部和支出庞大的某部门的分歧，劳森将其描述为"与任何一个政府已经建立起来的连贯制度几乎一样"。

克拉克信心满满地回忆道，"我知道，如果他们认为只要与我和解，我的财政保守主义就可以被转化为他们的优势，那么我就可能会从财政部（为自己的部门）获得更多的钱。"从他成为财政大臣的那一刻起，这一经验为他带来了诸多益处。"在一场巨大的危机之后，我有幸成了财政大臣，"克拉克回忆说。"我们从来没有遇到过这么糟糕的情况，而最大的好处就是首相不能解雇两位财政大臣。"

尽管克拉克是在"黑色星期三"发生之后的八个月才来到英国财政部的,但他坚持说当他到达那里的时候情况依然十分糟糕。"我的目标是努力赢回我们在经济能力方面的声誉,赢得增长和低通货膨胀的荣耀。"他的办公室位于议会大厦新近扩建的部分,在大本钟的对面,俯瞰着泰晤士河。他将身子靠在椅背上,一脸满足地说道:"我在两个方面都取得了成功。"

这位"星室法庭"的成员补充道,"这听起来很简单。困难在于,我几乎每天都要集中精力减轻公共财政的压力……生活是一个漫长的公共开支周期,我的同事们变得越来越苦恼。"

克拉克回忆说,由于同事们想重新推出住房税收减免政策,他感到相当为难(他的个性并不反对这种情况)。其背景是负资产时期和劳森繁荣结束时的房价暴跌。"我的大多数同事都想加大抵押贷款利息减免力度,但我决心取消助长繁荣的补贴。"

在经济恢复"可持续增长"之前的那些日子里,他觉得自己一直专注于通货膨胀目标(继承自拉蒙特)和财政规则,而其同事、反对派和媒体想要的则是即时效果。人们忘记了克拉克因取得经济增长而受到人们的赞扬花了多长时间。

我问他有没有想过,在英国加入欧洲汇率机制期间担任财政大臣的是他,而不是拉蒙特,会是什么样子。他表情迷离地说:"总有一天,'黑色星期三'的全部故事会被揭示出来。任何事情都是可以避免的——(至少)有极大的可能避免。"

哇！他现在能透露一切吗？"不，太早了。人们的神经会受不了的。"在克拉克看来，欧洲汇率机制灾难是由"劳森的货币政策错误和宽松的财政政策造成的。在汇率机制中，我们只降低了利率。汇率的压力源于宽松的财政政策和不断攀升的公共债务水平。这使得我们无法抵御汇率下跌。"

他挖苦地回忆说，"有些人认为我们受到了联邦德国央行担保的保护。很明显事实并非如此。我们本应该好好利用这些规则进行适度贬值。但这是一个集体决定，除非法国人也这么做，而且法国人也不愿意这样做。"

我们都记得，当时的传统观点认为，货币贬值会导致通货膨胀，然而，在他就任英国财政大臣初期，市场出现了相当严重的货币贬值，这促进了增长，但没有导致通货膨胀。

"我感觉，实际经济中的通货膨胀压力一直在减小，"克拉克说。"我不相信货币贬值会导致工资上涨。（在与财政部官员）的辩论中，我认为，全球化和供给侧改革对改变20世纪80年代的状况发挥了一定的作用。"

克拉克并不像一些人，比如说希利，那样轻视经济预测："你需要有预测，但你不能相信你自己或任何人的预测——当然也不能接受那些基于意识形态或上次经济衰退的观点。"他的"感觉"是对的。正如梅杰所指出的那样，在拉蒙特和克拉克担任财政大臣期间，收入——过去通货膨胀飙升的主要因素——"增长率从未超过20世纪80年代最低增长率的一半。"

克拉克先于戈登·布朗告诉人们，必须避免"繁荣和萧条"。明智的经济即明智的政治。他声称，他1993年11月的第一个"统一"预算案创下了自第二次世界大战以来财政大臣提交的最大增税纪录。

他想让英格兰银行在货币政策方面具有独立决策权，但遭到了梅杰的阻挠。然而，他通过让英格兰银行"尽可能的开放"为此做准备。1994年春，他开始公开发表财政大臣和英格兰银行行长每月的会议记录。"但我无法说服任何人相信它们是真的，直到其中记录了埃迪和我（在适当的利率水平上）的分歧——相差25%——时，人们才开始相信这些会议记录是真的。"

他还终止了英国财政部对英格兰银行季度通货膨胀报告和行长讲话审查的做法。他希望英格兰银行行长成为一名公众人物——但不能搞成像情景剧"肯恩和埃迪秀"那样，应该更为严肃一些。

我问了他一个当下似乎很热门的话题，他是否应该像戈登·布朗曾经做的那样，摆脱银行业监管。他气势汹汹地说："我从来没有想过要脱离银行业的监管。这个三方系统（财政部、英格兰银行和金融服务管理局各自为政）未能发挥作用。英格兰银行建立非正式关系的能力以及行长招募员工的能力非常有用。由于金融服务管理局是监管者，而其格兰银行负责'金融稳定'，我们并没有一个愉快的分工。他们都不同意对方的意见。"

在他担任财政大臣初期，曾发生过一次银行倒闭事件——

即巴林银行倒闭事件。他回忆说,那个周末,在唐宁街"他被一群试图把它(巴林银行)卖给远东几家银行的人包围,而远东的银行太理智,不愿意购买。"所以,当名声颇佳的巴林银行被一个不道德的交易员搞垮,而全世界的目光都被此事所吸引时,财政大臣却去观看了诺丁汉森林与女王公园巡游者的英冠比赛。正如他所说,"过了一段时间之后,我就厌倦了。因此,我向伯恩斯——财政部最高级官员,也是女王公园巡游者的热心支持者——建议,我们可以一起去看那场比赛,看场球赛还至于被解聘?"

克拉克认为默文·金说的没错,如果说银行业危机对实体经济有影响的话,那么银行业危机只是英格兰银行的问题。至于北岩银行,"这是系统性风险吗?是的,这么大的一家银行遭遇挤兑。"他坚持认为,"财政大臣是央行领导"应该是一种基本的政治判断。克拉克认为,达林不应该排两三天的队。问题是"我们能让这种恐慌继续下去吗?答案是'不能'。"

我们又将话题转回到他的财政大臣职务以及他深信的好的经济就是好的政治上面来。他是否认为自己1997年的预算过于谨慎——就像民间传说的1970年工党出人意料地输掉了大选之前的詹金斯预算案一样?

"我和詹金斯有同样的问题——英国保守党有一半的成员没有意识到我们会在选举中失败……人们猜测我会大规模地出台利好政策。"他声称,他和詹金斯都没有这样做。

后记

委婉地说,这本书已经写了好长时间了。至少在15年前,有两个人第一次向我提出了这个建议,他们是我的好朋友、经济学家梅格纳德·德赛(Lord Meghnad Desai)勋爵和罗伯特·乔特。梅格纳德是英国工党成员、终身贵族,而罗伯特当时是一名经济记者,之后他担任了英国财政研究所所长,后来又担任了英国预算责任办公室主任。

罗伯特建议我写一本关于英国财政大臣的书,梅格纳德建议根据以前我在《观察家报》发表的专栏文章写一本书。问题是,罗伊·詹金斯已经写过一本关于英国历史上早期财政大臣的书,工党内阁大臣埃德蒙·戴尔写了一本关于第二次世界大战后英国财政大臣的权威著作,一直写到约翰·梅杰,梅杰从1989年至1990年担任财政大臣,后来成了首相。至于重新利用专栏文章,我觉得,不管是对是错,我更愿意平静地思考我记忆中那些突出的、只需偶尔查阅一下档案的事情。

还有一些人在看过我之前的版本后,鼓励我继续创作下去,比如我在金融城工作时第一次见到的剑桥大学经济学家比尔·马丁(Bill Martin),他对舰队街的记忆和我新闻生涯的背景很感兴趣；给予我鼓励的还有我在《金融时报》工作时的同事西蒙·霍尔伯顿（Simon Holberton）。

我要感谢上面提到的各位友人。我还要感谢阿拉斯泰尔·麦克唐纳，他是我的老朋友，曾是一名记者和公务员，感谢他在我创作之初提出的宝贵意见。彼得·轩尼诗和安德鲁·阿多尼斯都是杰出的学者，曾担任过记者，现在英国上议院任职。他们也阅读和评论了我的书稿。这样做的还有英国科学院首席执行官阿伦·埃文斯。埃德·鲍尔斯和英国财政部前常任秘书长麦克弗森勋爵也阅读了该书的前几章。鼓励我继续创作的还有国际货币基金组织和英格兰银行前经济顾问理查德·布朗，多年前正是他把我介绍给了我的妻子希拉里。

然而，还是有几件事情干扰了我这本书的写作。首先是其他创作任务分散了我的精力，其中包括2003年的《戈登·布朗先生的谨慎》（The Prudence of Mr Gordon Brown）、2012年的《拯救世界？戈登·布朗再认识》（Saving the World? Gordon Brown Reconsidered）、2014年的《奥斯本的经济实验》以及2017年与戴维·马什和理查德·罗伯茨合著的《九月份的那六天："黑色星期三"、英国脱欧和欧洲是怎样建成的》。当然，所谓的"日常工作"也对该书的创作产生了干扰。

还有我的朋友海伦·弗莱，一个和我一样的咖啡爱好者，我们经常在肯伍德见面，她建议我和百特百克出版社（Biteback）的米克·史密斯（Mick Smith）联系一下，这让我有幸遇到了Biteback出色的编辑奥利维亚·比蒂（Olivia Beattie）及其同事。他们读了我写的东西然后说，"没有人会对你的新闻回忆录感兴趣。它们需要一个结构。"

当我把他们的话告诉埃德·鲍尔斯时，他建议我重新调整内容结构，题名为《英国经济的九次生命》(*The Nine Lives of the British Economy*)。然而，Biteback对此反应冷淡。不过，正是这个书名启发了他们将其称为《九次危机》等等。

我发现，在如今这个离开电脑就寸步难行的世界，这个创作任务竟然变得如此艰巨。如果没有我的兼职秘书琳达·奈茨（Linda Knights）和我的女儿克莱门斯（Clemency）和本尼迪克塔（Benedicta）的倾力相助，我不可能把回忆录和这些危机结合在一起，她们对我的帮助非常大。在创作后期，大部分的辅助工作由克莱门斯完成，她说，鼓励父亲完成任务就像让儿子尼克完成作业一样。